_____ 드림

아이주도 그림책 하브루타

아이주도
그림책
하브루타

초판 1쇄 인쇄 2019년 4월 3일
초판 1쇄 발행 2019년 4월 10일

지은이 채명희

발행인 장상진
발행처 (주)경향비피
등록번호 제2012-000228호
등록일자 2012년 7월 2일

주소 서울시 영등포구 양평동 2가 37-1번지 동아프라임밸리 507-508호
전화 1644-5613 | **팩스** 02) 304-5613

ⓒ 채명희

ISBN 978-89-6952-331-0 04370
　　　978-89-6952-091-3 (SET)

· 값은 표지에 있습니다.
· 파본은 구입하신 서점에서 바꿔드립니다.

아이주도 그림책 하브루타

채명희 지음

경향BP

프롤로그
리더로 키우는 그림책 하브루타

어느 날 아이들과 인도의 타지마할에 대해 이야기를 나누었습니다.

"이 건축물은 무덤이란다."

"왜 무덤을 이렇게 크고 멋지게 만들었어요?"

"옛날 인도에 샤자한이라는 황제가 있었어. 황제는 아내 뭄타즈마할을 몹시 사랑했단다. 그녀는 14번째 아이를 낳다가 열병으로 죽었어. 너무 슬펐던 샤자한 황제는 아내를 위해 세상에서 가장 아름다운 무덤을 만들고 싶었지. 그 무덤이 타지마할이야."

그때 한 아이가 손을 들었습니다.

"선생님! 14번째 아이는 어떻게 되었어요? 아이도 죽었나요?"

"응?"

갑작스러운 질문에 조금 당황했습니다. 사실 타지마할 건물을 보면서 '아름답다', '대단하다'라는 생각은 했지만 14번째 아이의 생사 여부에 대해 궁금해한 적은 없었습니다.

"선생님도 잘 모르겠는데, 그럼 한 번 알아볼까? 선생님도 인터넷이나 책으로 찾아볼게. 너희도 알아보고 내일 다시 이야기 나누자."

다음날 아이들과 하브루타를 했습니다. 아이들은 인터넷으로 부모님과 찾아보고 알아 왔습니다. 인터넷 정보에 의하면 뭄타즈마할은 14번째 아이를 낳다가 열병으로 죽은 이야기까지만 있었습니다.

"엄마의 죽음을 알게 된 13명 아이들은 어땠을까?"

엄마를 잃은 아이들의 마음에 대해 생각해 보며 엄마의 소중함에 대해 이야기를 나누고 싶었습니다.

"좋았을 것 같아요."

뜻밖이었습니다. 당연히 '슬펐겠다. 놀랐을 것이다.'라는 대답을 예상했습니다. 의아해서 이유를 물었습니다. 아이들이 큰 소리로 이야기했습니다.

"핸드폰 살 수 있잖아요."

"돈, 장난감 놓고 갔을 거잖아요"

"저 많은 재산 다 가질 수 있잖아요."

너무나 황당한 대답에 생각을 바르게 이끌어야 했습니다.

"너희를 돌봐주는 엄마는 단 한 명밖에 없는데도?"

그러자 천연덕스럽게 한 아이가 말했습니다.

"아빠도 있잖아요."

대답들이 더 엉뚱하게 흘러갔습니다.

"큰엄마도 있어요."

"작은엄마도 있는데요."

"난 할머니가 있어서 괜찮아요."

수업을 마치고 곰곰이 생각해 보았습니다. '왜 아이들은 엄마보다 핸드폰, 재산이 더 중요하다고 생각하게 된 걸까?' 마음 한구석이 아파 왔습니다. 순수할 것만 같은 아이들이 왜 이런 생각을 하게 되었을까요?

매일 듣는 뉴스를 통해서도 아이들은 세상의 가치를 접합니다. '아버지의 돈을 뺏기 위해 폭력을 휘두른 아들', '부하 직원에게 폭행을 저지른 상사' 등등. 이러한 사건을 듣고 보는 아이들은 어떤 생각을 할까요? '아버지보다 돈이 더 소중구나.', '힘이 있으면 사람에게 함부로 할 수도 있네.' 자칫 이런 생각에 빠져드는 것이 아닐까 걱정입니다.

아이가 사건을 바르게 해석하지 못하면 잘못된 가치관을 갖게 됩니다. '한 아이를 키우기 위해선 마을 전체가 필요하다.'는 아프리카 속담이 있습니다. 그렇습니다. 아이의 성장에는 부모뿐만 아니라 우리 사회의 구성원 모두의 노력과 헌신이 뒤따라야 합니다. 그러므로 바른 가치관의 형성은 우리 모두의 몫이자 책임입니다.

"인성의 기본 틀은 유아기부터 형성된다."

유아교육학부 시절에 이론으로 배웠습니다. 교육 현장에서 실감했습니다. 하브루타로 아이들의 생각 속에 들어가 보니 확연히 느꼈습니다. 이미 잘못된 가치관을 지닌 아이들이 꽤 있었습니다.

'아이들에게 바른 가치관을 심어 주는 방법이 무엇일까?' 고심하다가 하브루타를 만나게 되었고, 실제로 하브루타를 현장에서 적용했습니다. 그 효과는 매우 놀라웠습니다. 그렇습니다. 하브루타가 답이었습니다. 하브루타는 단순히 생각의 지평을 넓고 깊게 해 주는 교육 방법에 그치지 않았습니다. 아이들의 바른 인성을 위해서도 탁월한 효과를 발휘했습니다.

하브루타는 유대인의 특별한 교육 방법입니다. 하브루타가 이 땅에 소개되면서 교육계에서 큰 호응을 받고 있습니다. 교육 현장 곳곳에서 앞 다투어 하브루타 교육 방법을 시행하며, 심지어 서울 강남의 학원에서는 하브루타식 과외 열풍이 거셉니다.

왜 하브루타에 열광할까요?

이유는 분명합니다. 하브루타 교육의 효율성 때문입니다. 유대인 성공의 비밀이 하브루타에 있는 까닭입니다. 그 일례로 미국 아이비리그 명문대 입학률의 30%, 노벨상의 25%가 유대인입니다. 구글 및 페이스북 등 글로벌 기업의 리더 중 상당수가 유대인으로 하브루타 교육을 받고 성장한 이들입니다.

부모라면 교사라면 아이를 행복한 글로벌 리더로 성장시키고 싶습니다.

하지만 어떻게?

이 물음을, 성장의 비밀을 유대인에게서 엿볼 수 있습니다.

글로벌 리더란 전 세계를 무대로 무리를 다스리거나 이끌어 가는 지도자를 의미합니다. 단순히 지식 또는 돈이 많다고 해서 리더가 될 수는 없습니다. 리더는 삶의 목적과 이유가 분명해서 많은 사람의 삶을 리드할 수 있어야 합니다. 특히 삶의 가치가 바르고 분명하여 많은 사람이 존경하며 따를 수 있어야 합니다.

유대인은 토라와 탈무드로 태고부터 질문하고 대화하는 하브루타를 합니다. 토라와 탈무드는 5,000년 유대 역사 속에서의 풍성한 삶의 가치가 담겨 있습니다. 단순히 돈과 명예, 권력을 갖기 위해 하브루타 교육을 하는 것이 아닙니다.

삶의 가치를 실천할 때 진정한 리더가 됩니다. 돈과 명예, 권력, 그 밖의 것들은 저절로 따라오는 것입니다. 유대인들은 삶의 가치를 정답으로 제시하며 주입식으로 가르치지 않습니다.

"인간은 자존심 덩어리이다. 그래서 남의 말을 따르기는 싫어하지만 자신이 결정한 것에는 기꺼이 따른다."

데일리 카네기의 말처럼 사람은 타인에 의해 강요된 행위나 주입된 생각으로 변화되기 어렵습니다.

유대인은 아이에게 무엇인가를 가르칠 때 질문하며 대화합니다. 나아가 스스로 질문하고 해답을 찾도록 도와줍니다. 바로 하브루타의 핵심입니다. 이러한 하브루타를 통해 유대인 중에는 삶의 가치 깨닫고 실천하는 리더가 많이 있습니다. 예를 들어, 미국에서 가장 많은 기부로 나눔을 실천하는 빌 게이츠, 워런 버핏, 조지 소로스, 페이스북의 창시자 마크 저크버그도 유대인입니다.

다음 세대가 글로벌 리더로 성장하길 바란다면, 유대인처럼 삶의 소중한 가치를 하브루타로 가르쳐야 합니다. 소중한 가치에는 어떤 것이 있을까요?

가치란 인간이 대상과의 관계에서 갖게 되는 중요성입니다. 삶을 바르고 아름답게 이끄는 많은 가치가 있습니다. 그중에 글로벌 리더에게 꼭 필요한 7가지의 가치를 하브루타로 담아 보았습니다.

7가지 가치가 무엇인가? 왜 필요한가? 어떻게 기를 수 있는가?

이 질문에 대한 해답을 하브루타르 사(思)고치며 찾고자 합니다.

7가지 가치는 자존감, 소통, 창의성, 정직, 용서, 용기, 나눔입니다. 누구나 잘 알고 중요하다고 생각하는 보편적인 가치들입니다.

사(思)고치기란 하브루타로 기존의 7가지 가치를 새롭게 인식하고 바라보는 과정입니다. 특별히 그림책을 선정하여 7가지 가치를 담았습니다. 사(思)고치기 방법을 그림책에 적용한 이유는 크게 3가지입니다.

첫째, 그림책은 재미있는 이야기 속에 인간의 보편적 정서와 사고를 담고 있습니다. 아이들은 그림책으로 질문하고 대화하며 삶의 가치를 쉽고 분명하게 알아 갈 수 있습니다.

둘째, 그림책은 다양한 질문에 쉽게 접근하게 합니다. 그림책은 현실과 상상을 넘나듭니다. 상상의 그림과 이야기로는 '만약 ~라면'과 같은 상상 질문을, 현실의 그림과 이야기는 삶과 연결된 적용 질문을 재미있게 할 수 있습니다.

셋째, 아이와 어른이 함께 행복한 시간을 갖게 합니다. 그림책은 아이만을 위한 책이 아닙니다. 권정생 선생님의 『오소리집 꽃밭』과 같이 아이뿐만 아니라 어른을 위한 그림책도 많이 있습니다 서로의 마음과 생각이 연결될 때 깊이 공감하며 행복을 맛보게 됩니다.

이 책이 완성되기까지 아낌없이 주는 나무처럼 함께해 주신 『가시고기』의 조창인 작가님, 하브루타로 마음을 열어 준 은솔반 친구들, 아낌없이 조언을 해 준 홍정화 언니와 박대상 연구사님, 하브루타 하베르인 하브루타문화협회 양동일 이사님, 권문정 소장님, 이성준 이사님, 항상 엄마 편인 사랑하는 경연이와 경채, 가슴 뛰는 일을 할 수 있도록 응원해 준 남편에게 감사합니다.

마지막으로 부족한 나에게 언제나 "괜찮다.", "사랑한다." 하시는 예수님께 깊은 감사와 사랑을 드립니다.

교사 채명희

글로벌 리더에게 꼭 필요한 7가치 가치

자존감
스통
창의성
정직
용서
용기
나눔

차례

프롤로그 ·4

 스티브 잡스처럼 우뚝 서는 아이의 자존감

01 자존감을 길러 주는 첫 번째 하브루타 HOW
 "선생님 집에는 진짜 보물이 있다." ·18

02 자존감을 길러 주는 두 번째 하브루타 HOW
 "선생님! 저는 외톨이예요." ·25

03 자존감을 길러 주는 세 번째 하브루타 HOW
 "교실에서 어떻게 다녀야 할까?" ·30

04 자존감을 길러 주는 네 번째 하브루타 HOW
 "엄마, 또 안아 주세요." ·35

05 자존감을 길러 주는 그림책 하브루타 HOW
 『내 마음은 보물 상자』 ·40

사(思)고치기 둘 — 오프라 윈프리처럼 마음을 움직이는 아이의 소통

01 소통을 위한 첫 번째 하브루타 HOW
 "하브루타는 쇼킹입니다." · 50

02 소통을 위한 두 번째 하브루타 HOW
 "오이 밭에 못 가서 속상해요." · 54

03 소통을 위한 세 번째 하브루타 HOW
 "민석아! 너 이런 아이 아니잖아!" · 62

04 소통을 위한 네 번째 하브루타 HOW
 "선생님! 오늘 놀이터 나갈 수 있어요?" · 69

05 소통을 위한 그림책 하브루타 HOW
 『알사탕』 · 75

사(思)고치기 셋 — 뉴턴처럼 질문으로 반짝이는 아이의 창의성

01 창의성을 길러 주는 첫 번째 하브루타 HOW
 "얼음으로 어떤 놀이를 하고 싶니?" · 86

02 창의성을 길러 주는 두 번째 하브루타 HOW
 "우리 아이들의 창의성을 어떻게 키울 수 있을까요?" · 94

03 창의성을 길러 주는 세 번째 하브루타 HOW
 "오! 오늘은 커피에 대해 궁금해했네." · 104

04 창의성을 길러 주는 네 번째 하브루타 HOW
 "최고의 작품은 놀이 정신에서 나옵니다." · 109

05 창의성을 길러 주는 그림책 하브루타 HOW
 『아빠한테 가고 싶어요!』 · 116

유대인처럼 성공의 길을 열어 주는 아이의 정직

01 정직함을 길러 주는 첫 번째 하브루타 HOW
"정직의 별을 반짝여 보자." · 128

02 정직함을 길러 주는 두 번째 하브루타 HOW
"하얀 거짓말이 진짜 있을까?" · 134

03 정직함을 길러 주는 세 번째 하브루타 HOW
"쟤가 먼저 그랬는데요." · 137

04 정직함을 길러 주는 네 번째 하브루타 HOW
"선생님도 거짓말한 적 있으세요?" · 145

05 정직함을 길러 주는 그림책 하브루타 HOW
『거짓말』 · 151

넬슨 만델라에게 배우는 아이의 용서

01 용서를 배우는 첫 번째 하브루타 HOW
"왜 가젤은 사자를 구해 줬어요?" · 162

02 용서를 배우는 두 번째 하브루타 HOW
"조스바맛 사탕 하나만 주면 용서할 수 있어요." · 167

03 용서를 배우는 세 번째 하브루타 HOW
"친구가 용서해 주지 않으면 기분이 어떨까?" · 174

04 용서를 배우는 네 번째 하브루타 HOW
"만약 나쁜 비밀이 생기면 어떻게 할 거니?" · 184

05 용서를 배우는 그림책 하브루타 HOW
『사자가 작아졌어!』 · 187

에디슨처럼 실패를 넘어서는 아이의 용기

01 용기를 키우는 첫 번째 하브루타 HOW
"싫어. 싫어. 집에 갈 거야!" ·198

02 용기를 키우는 두 번째 하브루타 HOW
"우리 같이 손잡고 크게 숨쉬기 할까?" ·203

03 용기를 키우는 세 번째 하브루타 HOW
"짝 하브루타 시간은 아주 난장판이에요." ·207

04 용기를 키우는 네 번째 하브루타 HOW
"가장 중요한 것은 눈에 보이지 않아." ·212

05 용기를 키우는 그림책 하브루타 HOW
『숨바꼭질』 ·222

마크 저커버그 같은 리더가 되게 하는 아이의 나눔

01 나눔을 배우는 첫 번째 하브루타 HOW
"선생님! 전 혼자 먹고 싶어요." ·232

02 나눔을 배우는 두 번째 하브루타 HOW
"부자는 나쁜 사람이에요." ·237

03 나눔을 배우는 세 번째 하브루타 HOW
"커서 후원자님처럼 선생님이 되고 싶어요." ·241

04 나눔을 배우는 네 번째 하브루타 HOW
"하브루타의 또 다른 이름, 체다카!" ·248

05 나눔을 배우는 그림책 하브루타 HOW
『달샤베트』 ·252

부록 채쌤의 놀이 하브루타 Q&A ·265
　　　채쌤의 놀이 하브루타 수업 계획안 ·270

에필로그 ·278
참고문헌 ·280

사(思)고치기
하나

스티브 잡스처럼
우뚝 서는
아이의 자존감

01 자존감을 길러 주는 첫 번째 하브루타 HOW

"선생님 집에는 진짜 보물이 있다."

이스라엘의 다윗 왕에 대한 탈무드 이야기로 하브루타를 했습니다.

옛날에 다윗 왕이 적군에게 쫓기다가 동굴에 숨게 됩니다. 그 즉시 한 마리의 거미가 동굴 입구에 거미줄을 칩니다. 적군은 다윗 왕을 찾다가 동굴 입구의 거미줄을 보게 됩니다. 누군가가 침입하지 않았다는 생각에 돌아가게 됩니다. 다윗왕은 목숨을 구하게 됩니다.

아이들이 만든 질문으로 하브루타를 했습니다.

"왜 거미는 동굴 입구에 거미줄을 쳤을까?"

아이들의 생각은 다양했습니다.

"배가 고파서지."

"동굴 속에는 먹이가 많잖아."

"비가 와도 거미줄이 괜찮잖아."

"다윗 왕을 도와주고 싶어서 그런 거야."

그때 한 아이가 이런 이야기를 했습니다.

"동굴 속에 있는 보물을 지키려는 거야."

"보물?"

모두 함께 눈이 동그래졌습니다.

어른이나 아이나 보물을 싫어하는 사람은 없는 것 같습니다.

'어떤 보물일까?' 궁금해졌습니다.

"얘들아! 만약 동굴 속에 보물이 있어. 그래서 거미가 거미줄을 쳤다면 어떤 보물일까?"

아이들은 무엇을 보물이라고 생각할까요?

"돈이요."

"보석이요."

"내가 좋아하는 동물 인형이요."

앞 다투어 자신이 생각하는 보물에 대해 이야기를 했습니다.

"선생님 집에는 진짜 보물이 있다."

"뭔데요?"

다들 호기심 가득한 눈으로 빤히 쳐다보았습니다.

"선생님의 아들, 딸!"

그때 앞자리에 앉은 민수와 눈이 마주쳤습니다. 민수가 기어 들어가는 목소리로 이야기를 했습니다.

"우리 엄마한테 나는 보물이 아닌데…."

평소에 장난기 많던 민수가 힘없이 이야기했습니다. 왠지 모를 슬픔이 묻어 있었습니다. 조금 당황스러웠지만 이유를 물어보았습니다.

"왜 그렇게 생각해?"

민수는 말없이 눈만 끔뻑 끔뻑했습니다.

정말 민수 엄마에게 민수는 보물이 아닐까요? 무엇이 '나는 보물이 아니야.'라는 생각을 갖게 한 걸까요? 수업이 끝난 후 민수와 단둘이 이야기를 나누었습니다.

"민수야! 왜 엄마에게 네가 보물이 아니야? 네 마음은 보물 상자잖아?"

"아닌데요."

"왜? 그럼 뭐야?"

"쓰레기장이요."

"쓰레기장이라고?"

7살 아이의 입에서 나온 말은 놀라웠습니다.

"왜 네 마음이 쓰레기장이야?"

민수는 고개를 살래살래 흔들었습니다. 그러다가 기어가는 목소리로 속삭였습니다.

"엄마가…."

"엄마가?"

"선생님! 저 쓰레기장 맞아요. 나쁜 말 많이 하고 동생을 때리니까요."

"민수가 그랬구나."

자신을 쓰레기장이라고 그냥 받아들이다니, 안쓰러운 마음에 민수를 꼭 안아 주었습니다.

"그럼, 이제 어떻게 할 거야? 계속 네 마음을 쓰레기장으로 만들 거야? 그래도 정말 괜찮은 거야?"

"아니에요."

"그래, 그럼 어떻게 해야 할까?"

"모르겠어요."

"마음속에 있는 쓰레기를 치울까?"

아이는 빤히 필자만 쳐다보다 고개를 끄덕끄덕 했습니다.

"선생님이 너를 도와줄게. 네 마음은 원래 보물 상자야."

스스로 자신을 보물이라고 생각하기는 어렵습니다. 성장에 주요한 타인의 말과 태도가 자아상을 만들 때 많은 영향을 줍니다.

"애플Ⅱ는 사람들에게 꼭 필요한 컴퓨터가 될 것입니다."

애플의 창시자 스티브 잡스는 자신의 성공을 자신단만하지 과시했습니다. 자신의 생각에 확신이 있었습니다. 그가 처음부터 자신감이 있었던 것은 아니었습니다.

잡스는 입양아였습니다. 자신의 정체성에 대해 많이 혼란스러웠습니다. 어렸을 때부터 "나는 누구인가?"에 대한 끝없는 의문을 던졌습니다.

어느 날 잡스의 친구가 물었습니다.

"그럼 너의 진짜 부모는 널 원하지 않았던 거야?"

놀란 잡스가 눈물을 흘리며 집으로 뛰어갔습니다. 부모님은 충격에 빠진 잡스를 안아 주었습니다. 그리고 천천히 또박 또박 이렇게 말했습니다.

"너는 버림받은 것이 아니야."

"너는 선택받은 것이야."

양부모는 잡스를 선택받고 특별한 사람으로 대했습니다. 양부모님 덕분에 잡스는 자신을 특별하고 소중한 존재로 받아들였습니다.

자존감이란 자신의 생각과 행동을 존중하는 마음입니다. 자존감이 높은 사람은 자신의 생각과 행동을 가치 있게 생각합니다. 어떠한 어려움도 이길 수 있다는 자신감이 있습니다. 잡스처럼 자존감이 높은 아이로 성장하길 원한다면 아이를 선택받은 특별한 사람으로 대해야 합니다.

아이들은 언제 스스로를 소중한 보물이라고 생각할까요?

'우리 집 보물'이라는 주제로 하브루타를 했습니다.

언제 우리 집에서 보물이 아닌 것 같니?
-제가 만든 거 부셔 버렸을 때요.
-내 인형 마음대로 버렸을 때요.
-동생이랑 싸웠는데 동생 편만 들을 때요.
-말 안 듣는다고 엉덩이 때릴 때요.
-밥 늦게 먹는다고 소리 지를 때요.

언제 우리 집에서 보물인 것 같니?

-"사랑해." 말해 줄 때요.

-"귀여워." 말해 줄 때요.

-"살이 보드랍다." 말해 줄 때요.

-뽀뽀해 줄 때요.

-살 부비부비 할 때요.

-좋아하는 영화 같이 볼 때요.

-같이 놀아 줄 때요.

스스로 보물로 생각할 수 있도록 마음껏 말과 행동으로 표현해 주면, 훗날 아무리 어려운 순간에도 다른 사람의 평가에 포기하지 않을 것입니다. 스스로 사랑하는 듯에 확신을 갖는 사람으로 성장할 것입니다.

"이따금씩 삶이 여러분의 머리를 벽돌로 후려치더라도 믿음을 잃지 마십시오. 저를 계속해서 앞으로 나아가도록 이끌어 준 것이 있다면 그것은 오직 제가 저의 일을 사랑하고 있다는 사실 하나뿐이었습니다."
-2005년 스탠퍼드 대학교 졸업식 스티브 잡스의 연설 중

자존감을 길러 주는 첫 번째 하브루타 HOW

-내 아이는 자신을 보물이라고 생각하고 있을까?

-보물이라고 생각하지 못한다면, 그 이유는 무엇일까?

-보물이라고 생각한다면, 그 이유는 무엇일까?

-보물이라고 느낄 수 있도록 어떻게 표현하면 좋을까?

02 자존감을 길러 주는 두 번째 하브루타 HOW

"선생님! 저는 외톨이예요."

존중이란 단어는 한자어로 높을 존(尊), 무거울 중(重)을 사용합니다. 높이어 매우 중요하게 대하는 것입니다. 즉 아이를 존중한다는 것은 아이를 매우 중요하게 대하는 것입니다.

내 아이를 중요하게 생각하지 않는 부모가 어디 있을까요? 얼마나 중요하면 '눈에 넣어도 아프지 않은 내 자식'이라는 말이 있을까요?

그러나 존중은 중요하게 생각하는 마음만으로 부족합니다. 표현하지 않으면 진심을 알기 어렵습니다. 존중의 마음을 언어로 명확하게 표현해야 합니다.

어느 날 아침입니다. 평소 까칠하고 예민한 혜영이가 등원했습니다. 표정을 가만히 살펴보니 좋지 않았습니다.

"기분이 별로 안 좋니?"

그렇다고 고개만 까딱까딱 했습니다.

"왜?"

"엄마가 아침에 TV를 안 보여 줬어요."

"엄마가 TV를 못 보게 해서 싫었니?"

"네."

"TV를 많이 보면 눈 나빠지잖아. 그래서 그러신 거 아닐까?"

"아니에요. 약속하고 보면 되는데…. 그냥 계속 안 된다고만 하세요."

억울한 마음이 얼굴에 가득 했습니다.

"선생님 집에는 TV가 아예 없어."

해영이의 눈이 똥그래졌습니다. 이상하다는 듯 물었습니다.

"정말요?"

"그래. TV를 많이 보면 눈도 나빠지고 생각주머니도 작아지잖아. 선생님은 아들, 딸이 눈도 좋고 생각주머니도 커지기를 바래. 어머니께서 TV 많이 보면 안 좋으니까 걱정해서 그러신 것 같은데?"

혜영이는 그제야 이해했다는 듯이 밝은 표정으로 고개를 끄덕였습니다.

한 번은 이런 일도 있었습니다.

어느 날 주영이가 교실에 있는 디지털 피아노를 치고 있었습니다. 갑자기 소리를 크게 키웠습니다. 다른 친구들이 너무 시끄러워 양손으로 귀를 막기 시작했습니다.

다가가 차분하게 이야기했습니다.

"주영아! 소리가 너무 큰 것 같아. 좀 줄여 줄 수 있겠니? 친구들이 너무 시끄러운가 봐!"

갑자기 주영이가 눈을 흘겼습니다.

"왜요?"

"싫어요!"

"내 맘대로 할 거예요. 저리 가세요."

"주영아! 여기는 친구들과 함께 놀이하는 고실이잖아. 다른 친구들도 생각해야지."

"싫어요. 싫다고요!"

주영이는 소리를 지르며 카펫에서 뒹굴기 시작했습니다.

갑작스러운 돌발행동에 당황스럽고 화가 났습니다. 하지만 아이처럼 똑같이 화를 낼 수는 없었습니다. 깊이 심호흡을 하며 흥분되는 마음을 알아차리고 차분하게 생각했습니다.

'분명히 이유가 있을 거야.'

"주영아! 우리 주영이 이렇게 마음대로 하는 아이 아니잖아."

"왜 그러니? 이유가 뭔지 이야기해 주겠니?"

소리를 지르며 카펫에서 뒹구는 주영이를 안아 주었습니다. 주영이는 감정이 조금 누그러지는 것 같았습니다.

"주영아! 화가 나면 숫자를 5까지 세기로 했지?"

"기억나니? 선생님이랑 함께 세어 보자."

"하나, 둘, 셋, 넷, 다섯."

주영이의 숨소리가 차분해지기 시작했습니다.

"왜 피아노 소리를 크게 했니? 우리 반 피아노 소리를 함께 정했잖아."

"왜 그랬어? 선생님이 궁금해"

"아침에 언니랑 같이 오는데, 언니가 저 보고 저리 가래요."

"선생님! 저는 외톨이예요."

"외톨이라고?"

"집에서도 외톨이고, 여기서도 외톨이예요."

"왜? 왜 그렇게 생각해?"

"우리 언니는 내가 태어날 때부터 싫었대요. 동생은 언니만 좋고 저는 싫대요. 우리 엄마는 언니랑 동생 편만 들어요. 저한테 맨날 동생보다 못하대요. 넌 몇 살인데 그러냐고 하세요. 친구들도 나를 싫어하는 거 같아요. 난 외톨이예요."

주영이가 흐느껴 울기 시작했습니다. 아이를 무릎 위에 앉히고 꼭 안아주었습니다.

"주영아! 너는 외톨이가 아니야! 선생님이 있잖아."

"선생님이 주영이를 얼마나 사랑하는데, 너는 세상에 하나밖에 없어. 특별하고 소중한 아이야!"

얼마나 소중하고 특별한 존재인지, 끊임없이 확인받고 싶습니다. 자신이 소중한 것 같지 않으면 일부러 나쁜 행동을 합니다. 나쁜 행동인 줄 알지만 관심 받고 싶다고 소리칩니다. 사랑을 못 느껴서, 못 받아서 메말라 있다고 소리칩니다. 영혼 깊은 곳에서 존재 자체로 인정받고 싶다고 소리칩니다. 아무리 소리쳐도 알아주지 않으면 홀로 깊은 땅을 파고 그 속으로 들어갑니다. 흙을 파내어 다른 사람에게 이유 없이 마구마구 던지기도 합니다. 마음의 문을 닫아 버리고 외로워합니다.

"넌 맨날 TV만 보니? 그만 좀 봐라."라는 말은 "TV 보면 눈 나빠지고 생각주머니가 작아진단다. 소중한 내 딸이 많이 걱정되는구나."라고 해석되지 않습니다.

"너 도대체 몇 살이야? 어떻게 동생보다 못하니?"라는 말은 "넌 멋지고 소중한 아이니까, 바르게 행동하면 좋겠구나. 동생한테도 잘 알려 주면 좋겠구나."라고 해석되지 않습니다.

마음은 닫힌 상자처럼 밖에서는 보이지 않습니다. 아이는 억양 그대로, 문장 그대로 받아들일 뿐입니다.

눈에 넣어도 아프지 않을 내 아이, 세상에 하나밖에 없는 소중한 내 아이, 사랑하는 아이가 홀로 외롭게 울지 않도록 마음을 열어 있는 그대로의 마음을 말해 주어야 합니다.

자존감을 길러 주는 두 번째 하브루타 HOW

- 존중이란 무엇일까?
- 어떻게 존중하는 마음을 말과 행동으로 표현할 수 있을까?

03 자존감을 길러 주는 세 번째 하브루타 HOW

"교실에서 어떻게 다녀야 할까?"

교사가 되어 처음 교실에 갔을 때 해맑은 아이들의 표정과 웃음소리에 함께 미소를 지었습니다. 아이들을 진심으로 존중하는 교사가 되고 싶었습니다.

그러나 아이들에게 해맑은 모습만 있지는 않았습니다. 밥 먹는 도중에 입 안에 든 음식물을 일부러 친구한테 보여 주는 아이, 놀이를 하다가 일부러 툭툭 친구를 치는 아이, 기분 나쁜 말을 친구에게 계속 하는 아이, 나쁜 행동과 말까지 존중할 수는 없었습니다.

교사로서 옳고 그름을 명확히 알려 주는 게 최선의 교육이라 생각했습니다. 그것만이 바른 인격 형성을 돕는 교사의 역할이라고 생각했습니다.

"음식물을 입안에 넣고 말하는 것은 나쁜 행동이야. 일부러 보여 주는 건 더 나쁜 행동이야!"

잘못을 명확히 알려 주어도 반복하는 것을 볼 때 힘이 들었습니다. 더 강하게 지시와 명령을 했습니다. 그럴수록 아이들은 말을 듣지 않았고 서로 화가 났습니다. 관계는 점점 멀어져 갔습니다. 어떻게 말하고 행동하는 것이 진정으로 존중하는 것인지, 올바른 인격 형성을 돕는 것인지 해가 갈수록 어려웠습니다.

우연히 『질문하는 공부법, 하브루타』 책을 읽고 그동안의 교육관과 교육 방법을 돌아보게 되었습니다. '옳고 그름의 행동에서, 위험하고 안전한 행동에서 질문이 답을까?'

'질문'은 아이에게 선택권을 주는 것입니다. 처음엔 좀 불안했습니다. '그럼 아이가 잘못된 선택을 하면? 너무 아이들을 믿는 것 아닐까?'

아이를 존중해야지 하면서도 진정한 인격체로 인정하지 못했습니다. 교육 방법에 대한 고민이 점점 깊어져 갔습니다.

그러던 어느 날 5살 우리 반 윤수가 알려 주었습니다.

윤수는 교실에서 말썽꾸러기였습니다. 이야기 나누기 시간에 참여하지 않고 이상한 소리를 낼 때가 많았습니다. 놀이 시간에 마음대로 안 되면 친구를 자주 때렸습니다. 교실에서는 수시로 뛰어다녔습니다.

하브루타를 알게 된 어느 날 어김없이 뛰어다니는 윤수를 불렀습니다. 눈을 맞춘 후 차분하게 물었습니다.

"윤수야! 교실에서는 어떻게 다녀야 할까?"

윤수는 선생님이 오늘 따라 이상하다는 듯이 빤히 쳐다보았습니다. 그런데 잠시 후 기어 들어가는 목소리로 말했습니다.

"걸어 다녀야 해요."

그런 후 정말 사뿐사뿐 걷는 것이 아니겠습니까? 생각지 못한 반응에 놀랐습니다. 교실에서 어떻게 다녀야 하는지 모르는 줄 알았습니다. 반복적으로 "뛰지 마!", "걸어 다녀야지." 하며 옳은 행동을 가르쳤습니다.

그러나 윤수의 마음속엔 이미 답이 있었습니다. 태어나서 옳고 바른 행동에 대해 계속 들었을 것입니다. 스스로 뛰어다니다가 넘어져서 다친 경험도 있을 것입니다. 관심 받고 싶어서, 재미있어서, 선생님의 지시와 명령이 싫어서, 여러 가지 이유로 바르게 행동하지 않았던 것입니다.

지시와 명령만 들었던 아이가 질문을 처음으로 들었습니다. 당황스러웠을 것입니다. 그럼에도 스스로 어떻게 행동할지 말로 표현했습니다. 그 뒤로 윤수에게 지시와 명령을 버리고 질문하며 대화하기 시작했습니다.

아이의 행동 변화에는 당연히 많은 시간이 걸립니다. 진짜 변한 것은 아이의 행동이 아니었습니다. 지시하고 명령하는 수직적 관계에서 생각을 묻고 나누는 인격적 관계로의 변화였습니다.

윤수의 생각을 중요하게 생각하며 귀를 기울이기 시작했습니다. 윤수는 이야기 나누기 시간에 자신의 생각을 이야기하기 시작했습니다. 친구와 놀이하다가 화가 나도 말로 하려고 노력했습니다. 윤수에게는 자신의 이야기에 귀를 기울여 주는 사람이 필요했던 것입니다.

하브루타로 지도해도 변화가 눈에 보이지 않을 때가 많습니다. 변화에 대한 기대가 없어지고 지칠 때가 있습니다. 그때마다 윤수를 떠올립니다.

"아! 질문이구나."

"존중한다는 것은 말로만 하는 것이 아니구나!"

"시간이 걸려도 따뜻하게 눈을 맞추고 생각을 묻고 기다려 주자."

5살 윤수가 알려 준 정답을 잊지 않으려고 노력합니다.

"마타호세프!"

유대인이 성장하면서 가장 많이 듣는 말입니다. 우리말로 "네 생각이 무엇이니?"입니다.

질문은 존중의 표현입니다. 중요하지 않은 사람에게는 물어볼 필요가 없습니다. 중요한 사람에게는 묻습니다. 고급 레스토랑일수록 고객에게 여러 가지를 묻습니다. 스테이크의 굽는 정도, 스프 및 음료의 종류 등을 말입니다. 중요한 고객일수록 고객에게 맞는 음식을 제공해야 하기 때문입니다.

'지금 아이를 존중하고 있을까?'

의문이 들 때마다 알 수 있는 가장 쉬운 방법이 있습니다.

'지금 아이의 생각을 묻고 있을까?'

자존감을 길러 주는 세 번째 하브루타 HOW

- 지금, 아이의 생각을 묻고 있는가?
- 왜 아이의 생각을 묻지 않을까?
- 자존감을 갖게 하려면 어떻게 물어야 할까?
- 인격적 관계 가운데서 안전 및 생활지도를 하려면?

⋯ 내용 질문: "지금 뭐하고 있니?", "지금은 무엇을 해야 할까?"
  (문제 인식)
⋯ 심화 질문: "왜 그러니? 이유가 있니?"(감정 및 생각 인식)
⋯ 적용 질문: "어떻게 해야 할까?"(문제 해결)
⋯ 종합 질문: "더 하고 싶은 이야기가 있니?"(마무리)

04 자존감을 길러 주는 네 번째 하브루타 HOW

"엄마, 또 안아 주세요."

존중하는 말과 행동으로 아이를 대하고 싶습니다. 생각처럼 표현이 안 되면 마음이 괴롭습니다. 표현 방식이 나라와 문화, 개인의 성향, 가정환경 등에 따라 다르기 때문입니다.

특히 어떤 가정에서 성장했는가는 표현 방식에 많은 영향을 줍니다. 존중하는 양육자 아래에서 성장한 사람은 존중으로 대하는 것이 몸에 배어 있습니다. 부모의 표현 방식을 자기도 모르게 보고 배우고 습득합니다. 자녀는 부모의 뒷모습을 보고 자라기 때문입니다.

아이를 존중으로 대하고 싶다면 자신의 성장 과정에 대해 깊이 생각해 보아야 합니다.

① 당신의 주 양육자는 어떤 분이셨나요?
② 당신을 소중하게 생각하셨나요?
③ 당신이 소중하게 생각되도록 언어로 표현하셨나요?
④ 당신이 소중하게 생각되도록 행동으로 표현하셨나요?
⑤ 지금의 당신은 어떤 교사, 부모, 양육자이신가요?
⑥ 아이를 소중하게 생각하시나요?
⑦ 아이가 소중하게 생각되도록 말로 표현하시나요?
⑧ 아이가 소중하게 생각되도록 행동으로 표현하시나요?

만약 당신이 아이를 소중하게 생각하지 않는다면 그 이유는 무엇인가요? 혹시 당신을 양육한 분이 당신을 함부로 대한 적이 있나요? 그 일에 대한 상처가 있는 것은 아닌가요?

상처는 치유하지 않으면 곪게 되고 소중한 내 아이에게 대물림될 수 있습니다. 그 상처의 고리를 끊어야 합니다.

학부모 상담을 하다가, 한 어머님과 자녀에게 따뜻하게 말하고 대하는 법에 대해 대화를 나눈 적이 있습니다.

"선생님! 저는 아이에게 따뜻하게 말하는 게 어려워요. 조금 차갑게 대해야 아이가 독립적으로 클 수 있을 것 같아요. 적당히 거리를 두는 게 좋잖아요."

"적당한 거리가 어느 정도인가요?"

궁금해서 물어보았습니다. 잠시 생각에 잠긴 듯 어머님께서는 말을 잇지 못하셨습니다.

"선생님! 사실, 걱정이 많이 돼요."

"네? 뭐가요?"

"저는 이란성 쌍둥이예요. 부모님은 오빠가 아들이라고 어렸을 때부터 무척 챙기셨어요. 가정 형편이 넉넉지 않았어요. 중학교 때부터 '너는 고등학교 졸업하면 알아서 취업해라. 대학 등록금은 부족하다.'라는 말을 듣고 자랐어요.

부모님은 오빠는 뭐든지 해 주셨어요. 오빠한테는 '공부만 열심히 해라.', '대학 등록금은 걱정마라.'라고 하셨지요. 대학교에 합격했는데 제 등록금은 없다고 하셨어요. 다행히 고모가 첫 번째 등록금을 주셨어요.

오빠는 대학에 가서도 계속 부모님께 등록금을 받았어요. 저는 아르바이트를 열심히 해서 등록금을 마련했어요. 제 아들은 이상하게 저보다 오빠를 많이 닮은 거 같아요. 얼굴도 표정도요. 오빠처럼 의존적으로 클까 봐 걱정이에요."

"이란성 쌍둥이면 동갑이었을 텐데…. 어머님! 얼마나 속상하고 힘드셨어요."

어머님은 눈시울을 빨갛게 적시셨습니다.

적당한 거리를 두고 싶은 마음이 순수하게 아들을 독립적으로 키우고 싶은 마음일 수도 있습니다.

'왜 아이와 거리를 두고 싶은가?'

'내면에 숨겨진 진짜 마음은 무엇일까?'

솔직하고 진실하게 내 마음을 들여다봐야 합니다. 부모님께 받은 서운한 감정, 부모님의 차가운 말들, 등록금이 없을 때 동동거렸던 모습 속에 담긴 복잡한 감정, 생각들과 마주쳐야 합니다.

'지나간 상처는 잊혔을 거야.' 생각하기 쉽습니다. 치유되지 않은 상처는 그냥 아물지 않습니다. 잊은 것 같지만 비슷한 상황이 생기거나 살짝만 스쳐도 아픕니다. 보이지 않는 굴레처럼 마음과 생각을 옭아맵니다. 성장하면서 받은 상처들이 지금의 나를 괴롭힙니다. 나로 끝나지 않고 내 아이에게 고리처럼 연결되어 영향을 줍니다.

사진처럼 내 마음에 찍혀 있는 상처받은 말과 행동, 그 사람이 있는 곳으로 다시 찾아가야 합니다. 그곳에 내면의 어린아이가 울고 있다면 다가가 따뜻하게 안아 줘야 합니다. 상처 주었던 사람에게 "용서한다."고 의지로 고백해야 합니다.

물론 미움, 두려움, 원망과 같은 감정은 용서한다는 고백으로 금방 사라지지는 않습니다. 한 번의 용서로 끝나지 않는 상처도 많습니다. 그럼에도 불구하고 "용서한다."는 말의 고백은 힘이 있습니다. 상처받은 마음을 아물게 하는 치료제입니다. 상처 줄까 봐, 상처 받을까 봐 두려웠던 마음을 서서히 내려놓게 합니다.

상처가 치유되면 마음껏 아이에게 사랑을 표현할 수 있습니다. 퇴근 후 잠자기 전에 "사랑해."라고 말하며 꼭 안아 줄 수 있습니다. 적당한 거리를 두지 않고 한없이 마음껏 안아 주고 표현할 수 있습니다.

아이는 "엄마! 또 안아 주세요.", "꼭 안아 주세요." 합니다. 내면에서 부모에게 존중받지 못한 어린아이가 아직도 울고 있나요? 용기를 갖고 찾아가야 합니다. 그 아이를 꼭 안아 주고 부모님을 용서해야 합니다.

혹시 그 상처로 인해 아이에게 상처를 주었다면 아이에게 진심으로 사과해야 합니다. 존중하지 못한 마음은 치유받고 용서받아야 합니다. 진정한 존중은 언제나 마음에서부터 시작하기 때문입니다.

자존감을 길러 주는 네 번째 하브루타 HOW

-나의 주 양육자는 나를 존중해 주었는가?
-존중받지 못한 내면 아이가 있는가?
-아이를 존중하지 못한 마음이 있었는가?
-어떻게 상처를 치유할 수 있을까?

05 자존감을 길러 주는 그림책 하브루타 HOW

『내 마음은 보물 상자』
글 위테크, 그림 루세, 키즈엠

주인공은 마음의 문을 활짝 열어 다양한 감정에 대해 이야기합니다. 기쁨, 용기, 너그러움 등의 긍정적 감정뿐만 아니라 화, 슬픔, 두려움 등의 부정적인 감정도 마음속에 있음을 이야기합니다. 이 모든 감정을 마음 상자에 있는 보물로 표현합니다.

표현 중심 놀이 하브루타

① **도입 하브루타**

표지를 보면서 이야기 나누세요.

-너에겐 보물이 있니?

-어떤 것이 보물이니?

-왜 마음을 보물 상자라고 했을까?

② **그림책 감상**

그림책을 도란도란 읽어 주세요.

③ **내용 심화·적용 하브루타**

질문 후 장면 찾아보며 생각을 나누세요.

-이야기를 잘 들었니?

-조의 보물 상자에는 무엇이 들어 있었니?

-지금 네 마음과 가장 비슷한 마음은 무엇이니?

-왜 그런 마음이 들었니?

④ **표현 하브루타**

-우리 마음속에는 여러 가지 보물이 있구나.

-보물 상자인 내 마음을 꾸며 볼까?

-무엇으로 꾸미면 좋을까?

-어떤 모양으로 꾸며 볼까?

-어떤 그림을 그려 볼까?

-무엇이 필요할까?

⋯▶ 준비물: 하트 종이, 큐빅 스티커, 색연필, 사인펜

⋯▶ 하트 종이에 색연필, 사인펜, 큐빅 스티커 등으로 내 마음을 마음껏 그리고 꾸며요.

⑤ 짝 하브루타

※교실에서 짝이랑 하는 짝 하브루타

-특별한 내 마음을 멋지게 꾸몄니?

-짝이랑 내가 꾸민 마음을 보면서 무엇으로 그리고 꾸몄는지 이야기 나눠 보자.

-오늘의 기본 문장을 알려 줄게.

"나는 내 마음을 ○○으로 그리고 꾸몄어. 왜냐하면~."

⋯▶ 짝을 보세요.

⋯▶ 네네, 선생님!

⋯▶ 하브루타하세요.

⋯▶ 네네, 선생님!

-짝이랑 이야기 나눈다.

※가정에서 엄마 또는 아빠랑 하는 짝 하브루타
-특별한 내 마음을 멋지게 꾸몄니?
-내 마음을 무엇으로 그리고 꾸몄니?
-왜 이런 모양과 그림으로 꾸몄니?

⑥ 종합 하브루타
-우리 마음속에 어떤 보석이 있었니?
-어떤 보석이 우리를 멋지게 빛나는 사람이 되게 할까?
-밤하늘에 별처럼 빛나는 사람이 될 수 있는 12개의 마음속 별을 소개해 줄게.
-내 마음속에는 이런 별들이 있나 한 번 생각해 보자.
 '예의, 존중, 배려, 소통, 정돈, 용서, 창의성, 정직, 나눔, 용기, 감사, 협동'
-마음속 별 중 처음 듣거나 잘 모르는 별이 있니? 같이 이야기 나눠 보자.
-마음속 12개의 별을 반짝반짝 빛내 보자.

질문 중심 놀이 하브루타

① 도입 하브루타
표지를 보면서 이야기 나누세요.
-아이의 표정이 어떠니?

-이런 표정을 지어 본 적이 있니?

-만약 표지 모델이라면 어떤 포즈를 취하고 싶니?

-그림책 속으로 들어가 볼까?

② 그림책 감상

그림책을 도란도란 읽어 주세요.

③ 내용 하브루타

내용 질문 후 장면을 찾아보며 이야기 나누어 보세요.

-이야기를 잘 들어 보았니?

-조의 보물 상자는 무엇이었니?

-보물 상자에는 어떤 마음이 있었니?

④ 질문 하브루타

장면을 다시 보여 주거나 궁금한 장면이 있으면 멈춰서 질문 시간을 주세요.

-조의 보물 상자는 마음이었어.

-조의 마음에는 여러 가지 감정이 있었지.

-이야기를 들어 보고 그림을 보니 무엇이 궁금하니?

✽아이랑 도란도란 만든 질문을 적어 보세요.

✽질문 중에 가장 이야기 나누고 싶은 질문을 선택해서 적어 보세요.

⑤ 짝 ㅎ·브루타

✽최고의 질문으로 기본 문장을 만들어서 적어 보세요.

＊최고의 질문으로 짝이랑 생각을 나눠 보세요.

『내 마음은 보물 상자』로 아이들이 만든 질문

-왜 이 책을 만들었어요?

-이 동화를 누가 만들었어요?

-왜 배경을 하얀색으로 했어요?

-왜 얼굴이 하얀색이에요?

-왜 하트가 점점 작아져요?

-왜 그림이 거꾸로 되어 있었어요?

-왜 마음을 보물 상자로 생각했어요?

-엄마, 아빠가 어떤 선물을 주셨어요?

-왜 친구랑 싸웠어요?

-왜 화난 마음을 펌프 눌러서 터지는 걸로 표현했어요?

-왜 코끼리가 있어요?

-왜 빨간 망토를 입었어요?

-왜 빨간 망토 입은 아이가 도망가요?

-왜 빨간 망토 입은 아이가 두려웠어요?

아이들이 뽑은 최고의 질문

-엄마, 아빠가 어떤 선물을 주셨을까?

최고의 질문으로 만든 기본 문장

-나는 ○○은 선물인 거 같아. 왜냐하면~.

⑥ 종합 하브루타

-이야기를 나눠 보니 어땠니?

-어떤 짝이 나와서 발표해 볼까?

-내일은 함께 만든 질문으로 더 많은 생각을 나누자.

마음에 남는 알콩달콩 하브루타

선생님: 네 마음과 가장 비슷한 마음은 무엇이니?
아이: 선생님!
선생님: 왜?
아이: 두 개 골라도 돼요?
선생님: 그럼!
아이: 화난 마음이랑 기쁜 마음이요.
선생님: 왜?
아이: 어제, 레고 할 때 명호가 '너랑 안 놀아.'라고 해서 화가 났어요.
　　　근데, 오늘은 명호랑 같이 놀아서 좋아요.
선생님: 그랬구나.

　감정을 하나만 고를 거라 생각했습니다. 아이는 부정적인 감정이 긍정적으로 바뀔 수 있다는 것을 알고 있습니다. 슬픔도 기쁨으로, 미움도 용서로, 두려움도 용기로… 아이들은 다채로운 감정 속에서 마음속 보물을 가꾸고 있습니다.
　마음은 다양한 감정으로 가득 차 있습니다. 마음은 슬픈데 슬픔을 표현하지 못한다면 가장 본질적인 자신을 받아들이지 못하는 것입니다. 슬플 때 슬퍼하고, 기쁠 때 기뻐할 수 있어야 합니다.
　화가 날 때 화를 내는 방법이 잘못된 것이지 화난 감정 자체가 잘못은 아닙니다. 희로애락의 모든 감정은 소중합니다. 마음속 감정을 소중한 보물로 생각하는 것은 자신을 존중하는 자존감의 출발입니다.

사(思)고치기
둘

오프라 윈프리처럼 마음을 움직이는 아이의 소통

01
소통을 위한
첫 번째 하브루타 HOW

"하브루타는 쇼킹입니다."

어느 날 하브루타연구회 모임에서 어린이집 원장님께서 물으셨습니다.
"선생님은 하브루타를 한 문장으로 표현한다면 뭐라고 정의하고 싶으세요?"
잠시 생각해 보았습니다.
"쇼킹이요."
"쇼킹?"
"네. 하브루타는 쇼킹이었어요."
"그게 무슨 말이에요?"
"저는 솔직히 유아교사가 되고 싶지 않았어요. 유아들과 깊은 대화를 나누기는 어렵다고 생각했거든요. 하브루타하면서 유아들과도 얼마든지 깊은 이야기를 나눌 수 있었어요. 아이들의 마음속 이야기를 듣는 것은 정말 쇼킹한 경험이었습니다."

어느 날 탈무드 이야기로 하브루타 수업을 하고 있었습니다.

어느 나라의 공주가 몹쓸 병에 걸렸습니다. 임금은 공주의 병을 고치는 사람에게 공주를 시집 보내고 이 나라를 물려주겠다고 포고문을 붙였습니다. 궁궐에서 멀리 떨어진 시골 마을에 사는 삼형제가 이 소식을 듣게 되었습니다. 삼 형제는 아주 귀한 보물을 하나씩 가지고 있었습니다. 그중 한 명은 양탄자를 가지고 있었습니다.

이야기를 나누다가 "만약 양탄자가 있다면 가고 싶은 곳은 어딜까?" 질문으로 하브루타를 했습니다.

아이들은 양탄자를 타고 날아서 어디를 가고 싶을까요?

"놀이동산요."

"동물원이요."

저마다 가고 싶은 곳을 이야기했습니다.

그때 한 아이가 소리쳤습니다.

"가출하고 싶어요."

깜짝 놀랐습니다. 가출이라뇨? 이런 말을 어디서 듣고 따라 하는 걸까요?

"가출?"

"가출이 무슨 말인지 알아?"

"네. 집 나가는 거잖아요."

다른 아이들도 당연히 알고 있다는 듯 말했습니다.

"왜 가출하고 싶어?"

"놀이터도 못 가게 하잖아요."

"집에 가면 한글 공부만 하래요."

또 다른 아이들이 이야기했습니다.

"집에만 있고 답답해요."

생각지 못했던 아이들의 마음속 이야기를 들었습니다.

"만약 너라면?"

상상 질문을 통해 아이들은 자유롭게 이야기의 주인공이 되어 생각할 수 있었습니다.

"왜?"라는 질문을 통해 숨어 있던 마음을 들려주었습니다.

아이들에게 놀이가 특별히 중요하다는 사실은 알고 있었습니다. 그러나 놀지 못하게 하면 가출하고 싶을 정도로 괴롭다는 사실은 몰랐습니다.

"엄마, 놀이터에 가고 싶어요."

"놀이터? 유치원에서 놀지 않았어?"

"놀았어요. 그래도 또 놀고 싶어요."

"아니야. 이제 공부해야 해."

"한글 공부하자! 엄마도 힘든데, 너 위해서 하는 거야."

아이는 놀이터에 너무 가고 싶습니다. 그러나 엄마는 내 마음을 별것 아닌 것으로 생각합니다.

내 마음을 몰라주고 자기 말만 하는 엄마에게 아이는 어떤 마음이 들까요? 가장 이해받고 싶은 엄마가 계속해서 자기의 마음을 몰라주고 모른 척하면 어떨까요? 소통이 안 되는 엄마가 답답해집니다. 마음을 얘기해도 들어 주지 않으면 서서히 마음의 문을 닫게 됩니다. 엄마가 점점 미워지고 외로워집니다.

더 늦기 전에 아이들의 솔직한 마음에 귀를 기울여야 합니다.

> **소통을 위한 첫 번째 하브루타 HOW**
> -아이와의 소통에 하브루타가 중요한 이유는 무엇일까?
> -아이의 마음을 몰라줄 때 어떻게 될까?

02
소통을 위한 두 번째 하브루타 HOW

"오이 밭에 못 가서 속상해요."

'소통한다'는 것은 구체적으로 어떤 의미일까요?

소통: 트일 소(疏), 통할 통(通)

소통이란 서로 통하여 오해가 없어 막히지 않고 잘 통하는 것입니다. 하브루타는 짝을 지어 질문하고 토론하고 논쟁하는 것입니다. 하브루타는 끊임없이 감정과 생각을 나누게 합니다. 이러한 하브루타는 소통에 절묘한 방법입니다.

소통의 시작은 언제부터일까요? 소통은 눈 맞춤에서 시작됩니다. 교실에서 등원하는 아이와 눈 맞춤하며 하브루타를 시작합니다.『천 일의 눈 맞춤』책에서 이승욱은 생후 천일 동안 엄마와의 눈 맞춤이 애착 형성에 매우 중요한 영향을 미친다고 했습니다. 눈 맞춤은 애착 형성을 토대로 자아와 타인에 대한 신뢰감에도 영향을 미칩니다.

'서로 눈을 마주 바라봄. 또는 그렇게 해서 상대에게 사랑의 뜻을 전하는 일.'

눈 맞춤의 사전적 의미에 '사랑의 뜻'이 담겨 있습니다. 그래서인지 눈을 바라보는 행동이 단순한 것인데도 매우 힘들어하는 아이들이 있습니다.

인사를 할 때 눈을 맞추지 않고 말로만 하는 아이, 대충 고개만 끄덕이는 아이들도 있습니다. 윤지가 그랬습니다. 윤지는 인사를 할 때마다 눈을 피했습니다. 말을 걸어도 고개만 끄덕끄덕 했습니다.

등원할 때마다 윤지를 반갑게 맞이했습니다.

"우리 윤지 왔구나."

윤지는 고개를 숙인 채 쳐다보지도 않았습니다.

"윤지야! 우리 눈 맞추며 인사할까?"

"안녕하세요?"

처음에는 이야기를 해도 고개를 푹 숙인 채 작은 소리로 인사만 했습니다. 그래도 매일 아무렇지도 않게 이야기했습니다.

"우리 눈 맞추며 인사할까?"

윤지는 서서히 눈 맞추며 인사를 했습니다.

어느 늦은 등원 시간에 윤지가 먼저 이야기를 걸어 왔습니다.

"선생님! 안녕하세요?"

"그래! 윤지 왔구나."

"저, 오늘 기분 좋은 날이에요."

윤지가 눈을 맞추며 자신의 감정을 이야기하다니 놀라웠습니다.

"왜?"

"오늘 부산에 가거든요."

"부산에 가면 뭐가 좋아?"

"할머니집이요. 할머니집에 제가 좋아하는 강아지가 있거든요."

윤지는 벌써 강아지를 만난 것처럼 기뻐하며 활짝 웃었습니다. 눈 맞춤은 할수록 쉬워지고 마음의 문을 조금씩 열어 주었습니다.

"안녕하세요?"

눈 맞춤 인사를 하면서 간단한 스킨십을 합니다. 눈 맞춤이 마음의 문을 열게 하는 '노크'라면 스킨십은 감각을 통해 마음의 문을 활짝 열어 주는 '손잡이' 같습니다. 아이의 감정 온도에 따라 자연스러운 스킨십을 나눕니다. 머리 쓰다듬기, 악수하기, 하이파이브, 안아 주기 등 다양한 스킨십이 있습니다.

특별히 지도하기 어려운 아이는 아침마다 안아 주기를 합니다. 지수는 교실에서 친구의 놀잇감을 확 빼앗고 교사가 불러도 쳐다보지 않는 아이였습니다. 필자는 성인군자가 아닙니다. 보통 사람들과 같은 감정을 지니고 있습니다. 친구들과 교사에게 상처를 주는 지수가 예쁘지 않은 것이 당연했습니다.

'어떻게 하면 이 아이를 사랑할 수 있을까?'

하브루타를 하면서 관계가 중요하다는 것을 알게 되었습니다. 지수를 미워하는 마음이 하브루타를 막고 있었습니다.

'아! 내 마음에 사랑이 없구나! 어떻게 하브루타를 할 수 있겠어?'

아무리 마음을 들여다보아도 미운 마음, 싫은 마음만 가득했습니다. 무릎을 꿇고 사랑하는 마음을 달라고 간절히 기도했습니다. 메마른 마음으로는 하브루타를 할 수가 없었습니다.

기도 중에 갑자기 필자의 첫째 아이가 떠올랐습니다. 첫 아이를 낳았는데, 자연분만 과정이 너무 고통스러워 아기가 사랑스럽다는 생각이 별로 들지 않았습니다.

'내가 엄마가 맞을까? 나는 모성애가 없나?'

아기를 낳고 병원에서 이런저런 생각으로 마음이 많이 무거웠습니다. 혹시라도 아기가 이런 마음을 알까 봐 죄책감마저 들었습니다.

그러나 지금은 아들이 너무나 사랑스럽습니다. 쳐다보고 있으면 그냥 입꼬리가 올라갑니다. 초등학교 5학년이지만 아침저녁으로 안아 주고 뽀뽀하며 "사랑한다."고 고백합니다.

'아이가 사랑스럽게 된 이유가 뭘까?'

배고프다고, 졸리다고 우는 아이를 안아서 얼레고 달래면서 키웠습니다. 아이가 아파서 열이 오를 때는 이마를 계속 만져 보며 날밤을 샐 때도 있었습니다.

'아! 그거구나! 스킨십!'

아이를 키우면서 자연스럽게 나누었던 스킨십! 스킨십은 사랑하는 마음을 갖게 해 주었습니다.

교실에는 미운 오리 새끼가 꼭 있습니다. 그런데 이상하게 그 아이를 안으면 안을수록 내 새끼 같은 마음이 듭니다. 물론 내 새끼도 미울 때가 있습니다. 그러나 아무리 미워도 내 새끼에게는 애틋한 마음이 있습니다. 스킨십은 미운 오리 새끼가 내 새끼가 되게 하는 놀라운 마법입니다.

아침 등원 시간에 따뜻하게 인사한 후 꼭 물어보는 질문이 있습니다.

"오늘 기분 어때?"

감정을 말로 표현하기 어려워할 때는 다양한 얼굴 표정을 보여 줍니다.

"오늘 좋아요!" 하면 이유를 물어봅니다.

"그래? 무슨 일인데?"

"아침에 엄마가 좋아하는 반찬을 해 주셨어요."

"아침에 일찍 일어나서 일찍 왔으니까요."

기분이 좋은 이유를 이야기해 주면 맞장구를 쳐 줍니다.

"그래, 기뻤겠구나."

"그래, 즐거웠겠구나."

좋은 기분을 다시 함께 느껴 봅니다. 감사, 기쁨 이런 긍정적 기분은 충분히 음미하지 않으면 금방 잊어버리기 때문입니다. 그리고 "오늘도 행복하고 안전하게 놀이하자." 설레는 마음으로 하루를 시작합니다.

"나빠요.", "싫어요." 하면 반드시 이유를 물어봅니다. 부정적인 감정은 그냥 사라지지 않기 때문입니다. 마음 한구석 어딘가에 남아서 이해할 수 없는 행동과 말로 표현될 때가 많습니다.

"왜 기분이 안 좋아?"

"얼마나 안 좋니?"

"무슨 일이 있었니?"

"어떤 점이 안 좋았니?"

이유는 다양합니다.

"아침에 일어났는데, 형아가 발로 엉덩이를 때렸어요."

"동생이 액체괴물을 내 머리에 쏟았어요."

"토요일 날 아빠가 오신다고 했는데 안 오셨어요."

이야기에 귀를 기울이며 마음속에 한 발짝 들어갑니다.

"그랬구나. 속상했겠다."

"그랬구나. 무서웠겠다."

"그랬구나. 화가 많이 났겠구나."

마음을 괴롭히는 알 수 없는 감정들에 감정 이름표를 붙입니다. 감정에 이름표를 붙임으로써 나의 감정을 잠시 객관적으로 바라볼 수 있습니다. 이는 알 수 없는 감정에 매몰되어 사건을 부정적으로만 해석하지 않도록 도와줍니다.

"그럴 땐 어떻게 하면 좋을까?"

"교실에서 친구들이랑 신나게 놀면서 기분 풀어 볼까?"

아픈 마음을 읽어 주고 공감만 해 주어도 마음이 스르르 풀립니다. 속상한 마음을 이야기 나누다가 기분이 좋아지기도 합니다.

오늘 따라 지민이의 표정이 시무룩하니 평소와 달랐습니다.

"지민아! 무슨 일 있어? 기분이 안 좋아 보이는데?"

"네."

"어떤 일이 있었는데?"

"할머니께서 오이 밭에 혼자 가셨어요. 같이 가고 싶었는데…."

"그랬구나. 같이 못 가서 마음이 속상하니?"

"네. 오이 밭에 못 가서 속상해요."

"오이 밭이 어디 있는데?"

오이 밭이 어디 있는지, 어떻게 갈 수 있는지, 무엇을 심고 있는지, 이야기를 나누었습니다. 지민이는 점점 신이 났습니다.

"오늘 기분 어때?"

감정을 나누는 하브루타는 기쁘고 좋은 마음은 간직하게 하고 아프고 속상한 마음은 토닥여 줍니다.

가정에서도 마찬가지입니다. 아침에 아이를 깨울 때, 어린이집·유치원 또는 학교가 끝나고 집으로 돌아왔을 때 눈을 맞추고 뜨겁게 포옹하며 아이의 가장 본질적인 감각과 감정을 나누어 보세요. 하루 5분. 따뜻함과 감정을 나누는 하브루타가 진심을 나누는 소통의 기적이 일어나게 합니다.

소통을 위한 두 번째 하브루타 HOW

*하브루타의 시작: 눈 맞춤과 스킨십, 감정 하브루타

⋯ 도입 질문: 반갑게 맞이하며 '우리 ○○ 왔니?"

⋯ 내용 질문: 눈 맞춤하며 "눈 보고 인사할까?", "안녕하세요?"
표정을 관찰하며 "오늘 기분 어때?"

⋯ 심화 질문: 스킨십하면서 기분의 이유 물어보기
"왜 좋았니?", "왜 안 좋니?"

03 소통을 위한 세 번째 하브루타 HOW

"민석아! 너 이런 아이 아니잖아!"

교실에서 소통이 가장 어려운 아이가 있습니다. 이유 없이 폭력적 행동을 하고 함부로 말하는 등 문제 행동을 가진 아이입니다. 자유 선택 놀이 시간 쌓기 영역에서 민석이가 나무인형을 입에 물고 있었습니다.

"민석아! 왜 나무인형 입에 물고 있어?"

민석이는 고개를 절레절레 흔들었습니다. 갑자기 눈을 흘기며 필자의 얼굴에 나무인형을 던졌습니다. 갑작스런 행동에 많이 당황스럽고 화가 났습니다. 가슴이 쿵쾅쿵쾅 빠르고 크게 뛰었습니다.

선생님도 희로애락을 느끼는 사람입니다. 잘못된 행동과 말에 분노의 감정을 갖는 것은 당연합니다. 분노를 어떻게 조절하느냐가 중요합니다.

'아! 심장이 빠르게 뛰는구나!', '내가 화가 났구나.'

감각을 알아차리고 감정을 읽어 주는 것만으로도 감정 조절에 많은 도움이 됩니다. 마음의 상태를 알아차린 후 심호흡을 깊이 했습니다. 민석이를 바라보며 생각했습니다.

'반드시 이유가 있을 거야.'

"왜 선생님한테 장난감을 던진 거야?"

민석이는 씩씩거리며 눈을 더 흘겼습니다. 민석이의 손을 살며시 잡았습니다. 민석이는 손을 획 뿌리쳤습니다. '아' 소리를 지르며 바닥에 누워 발을 구르기 시작했습니다.

"선생님은 민석이 좋아하는데, 민석이는 아니야?"

민석이의 눈을 바라보았습니다. 째려보던 민석이의 눈동자가 약간 흔들렸습니다.

"무슨 일 있었어?"

"민석아! 너 이런 아이 아니잖아!"

아무런 대답이 없습니다.

"선생님한테 장난감을 던진 건 정말 잘못한 일이야. 선생님은 지금 마음이 너무 아프단다. 선생님께 죄송하다고 사과해야 해."

민석이는 가만히 고개를 숙였습니다.

"선생님! 죄송해요."

아이를 꼭 안아 주었습니다. '다시는 그러지 않겠다.'는 약속을 받아 냈습니다.

"민석아! 왜 그랬어? 무슨 일 있었어?"

민석이는 아무 말도 하지 않고 고개만 저었습니다. 민석이는 왜 그랬을까요?

지금도 정확한 이유를 모릅니다. 아이들과 함께 오랜 시간, 교실에서 보냅니다. 어떤 아이가 문제 행동을 일으킬 때 민석이처럼 원인을 모를 때가 있습니다. 아이들을 이해하고 돕고 싶었습니다. 이런 마음으로 놀이치료대학원의 문을 두드린 적이 있었습니다.

면접을 보는데, 교수님께서 물어보셨습니다.

"현직에 계시네요?"

"네, 저는 교실에서 아이들을 가르치는 교사입니다."

"놀이치료사가 되고 싶으세요? 교사가 되고 싶으세요?"

"현장에서 놀이 치료가 필요한 아이들을 만날 때가 있습니다. 충분히 놀이할 때 조금씩 치료가 되는 것도 보았습니다. 현장에서 도움이 필요한 아이들을 치료하는 교사가 되고 싶습니다."

교수는 냉정하면서 단호하게 말했습니다.

"여기는 교사가 아니라 치료사가 될 사람이 오는 곳입니다."

면접 자리에서 바로 불합격 통보를 받았습니다. 돌아오는 길에 혼잣말로 불평을 늘어놓았습니다.

'아니, 왜 교사는 치료할 수 없다는 거야? 자유 선택 놀이 시간, 바깥놀이 시간에 놀이 치료에서 말하는 아이 주도의 진짜놀이가 이뤄지는데, 왜 안 된다는 거야?'

아이들을 돕고 싶은 진심을 몰라주는 고수에게 원망의 마음이 몰려왔습니다.

그 후 다른 대학원에서 '놀이의 치료적 활용'에 대해 공부하게 되었습니다. 그 과정에서 일반 교사에게는 아동과 부모에게 치료를 실시할 자격이 없음을 알게 되었습니다.

교사와 치료사는 다른 길이었습니다. 현장에서 원인을 알 수 없는 문제 행동을 경험하면서 그 의미를 더 깨닫게 되었습니다.

문제가 일어나면 아이에게 꼭 물어봅니다.

"왜 그러니?"

"무슨 이유가 있지?"

이유를 이야기해 주는 경우도 많습니다. 등원 길에 누나가 던진 한마디 "저리 가!", 놀이하다가 친구가 던진 한마디 '너랑 안 놀아!' 등이 이유인 적도 있습니다. 하지만 이유를 말해 주지 않으면 원인을 알기가 어렵습니다.

'왜 그러는지?' 아이의 모든 것을 알 수는 없습니다. 아이가 어떤 기질과 성향을 갖고 태어났는지, 태어나서 이 교실에 오기까지, 어떤 환경에서 자라왔는지, 어떻게 양육을 받았는지, 어떤 경험을 했는지, 모든 것을 주 양육자가 솔직하게 알려 주지 않으면 모릅니다. 주 양육자가 솔직히 말해 주어도 모든 경험을 아이가 어떻게 해석했는지는 아무도 모릅니다.

교사는 치료사가 아닙니다. 아이의 모든 문제 행동의 원인을 알 수 없습니다.

'반드시 이유가 있을 거야. 그러나 모든 이유를 알 수는 없다.'

매일 겸손한 마음으로 아이를 만납니다.

다만, '아이도 문제 행동 속에서 나오고 싶어 한다.'는 사실은 분명합니다. 아이를 관찰하면서 문제 행동이 일어나지 않을 때 말과 행동을 구체적으로 칭찬해 줍니다. 그때 아이의 밝은 표정과 눈빛을 보게 됩니다. 아이도 '괜찮은 아이'라고 인정받고 싶습니다.

문제 행동이 일어난 후에는 교사와 아이 모두 흥분 상태가 됩니다. 흥분 상태에서는 문제 행동을 지도하기가 어려워집니다. 문제 행동이 나타나기 전에, 긍정적으로 바라봐 주고 그 방향을 제시해 주는 것이 더 효과적입니다. 등원 시간에 머리를 쓰다듬거나 안아 주면서 약속을 하면 좋습니다.

화가 나면 감정 조절을 못하고 폭력적인 행동을 하는 아이가 있었습니다. "화가 나도 숨을 크게 들이마신 후 예쁜 말로 하자."라고 약속을 하며 하루를 시작했습니다. 거칠었던 아이의 말과 행동이 아주 조금씩 부드러워졌습니다.

가정에서도 문제 행동이 일어나기 전에 약속을 먼저 하는 것이 효과적입니다. 긍정적인 변화가 조금이라도 있을 때 이를 구체적으로 칭찬해 주는 것이 중요합니다. 부정적인 고정된 시각은 서로가 만날 수 있는 소통의 길을 막아 버립니다. '모든 것을 알 수 없다.'는 사실을 겸손하게 인정해야 합니다.

있는 모습 그대로 받아들이고 긍정적 변화를 기대해야 합니다. 긍정적인 기대나 관심은 사람을 변화시키는 힘이 있습니다. 이것이 피그말리온 효과입니다.

피그말리온 효과란 그리스 신화에 나오는 피그말리온이 조각상을 너무 사랑하여 진짜 사람으로 변했다는 이야기에서 유래했습니다.

피그말리온 효과처럼 아이들은 어른들이 말하는 대로, 바라보는 대로 변합니다. 마음을 열어 소통하는 부모와 교사는 언젠가는 긍정적으로 변한 아이를 만나게 됩니다. 눈에 보이지 않지만 아이들은 매일 매일 조금씩 변화되고 있습니다.

소통을 위한 세 번째 하브루타 HOW

*폭력적 사건이 일어났을 때 어떻게 하브루타할까?

이야기 나누기가 가능하도록 먼저, 감각과 감정을 알아차리고 흥분을 가라앉힌다.

⋯▶ 내용 질문: 행동을 그대로 이야기한 후 "맞니?"(문제 인식)

⋯▶ 심화 질문: 겸손한 마음으로 분명히 이유가 있다는 생각을 하며 말한다.

　"○○야! 이런 아이 아니잖아."

　"왜 그랬어?"(생각 인식)

　"만약 ~라면 어떤 마음일까?"(감정 인식)

⋯▶ 적용 질문: "어떻게 하면 될까?"(문제 해결)

⋯▶ 종합 질문: "더 하고 싶은 이야기가 있니?"(마무리)

*문제 행동 아이와 일상 하브루타를 어떻게 할까?

등원 시 약속 상기시키기 "부탁할게.", "도와줄 거지?"

문제 행동이 없을 때 인정해 주고 작은 변화도 격려하며 구체적으로 칭찬해 주기

질문과 요청, 존중의 언어 사용하기

긍정적으로 변화될 것이라는 믿음으로 대하기

04 소통을 위한 네 번째 하브루타 HOW

"선생님! 오늘 놀이터 나갈 수 있어요?"

오프라 윈프리는 20년 넘게 TV 토크쇼 시청률 1위 「오프라 윈프리 쇼」를 진행했습니다. 그녀가 토크쇼의 여왕이 된 이유는 단순히 진행을 잘해서가 아니었습니다. 토크쇼에 초청된 게스트들의 마음을 움직여서 진솔한 이야기를 털어 놓게 했습니다. 삶의 기쁨과 슬픔, 아픔과 상처에 관한 토크는 시청자들의 마음까지 움직이면서 전 세계 140여 개국에 배급되었습니다.

어떻게 오프라 윈프리는 게스트들의 마음을 열 수 있었을까요?

"우리는 삶의 모든 측면에서 항상 '내가 가치 있는 사람일까?', '내가 무슨 가치가 있을까?'라는 질문을 끊임없이 던지곤 합니다. 하지만 저는 우리가 날 때부터 가치 있다고 생각합니다."

-오프라 윈프리

사람은 무엇인가를 잘하고 못하고를 떠나서 존재 자체로 존귀합니다. 존재 자체에 관심을 갖고 있는 그대로 인정해 줄 때 마음이 열리고 진솔한 이야기를 나누게 됩니다. 교실에서도 마찬가지입니다.

등원하는 순간부터 아이들이 제일 많이 물어보는 질문이 있습니다.

"선생님! 오늘 놀이터 나갈 수 있어요?"

미세먼지가 심각한 환경 문제가 되었습니다. 바깥놀이를 못하는 날이 점점 많아지고 있습니다. 바깥놀이를 나가기 전에 미세먼지, 초미세먼지 수준을 확인해야 합니다.

"놀이터에서 뛰어 놀고 싶지?"

"네!"

"선생님이 약속했잖아. 미세먼지 괜찮은 날은 바깥놀이 가자."

아이들이 밝게 웃습니다.

놀이는 배움을 넘어 내재되어 있는 자유롭고 자발적인 인간의 본능이기도 합니다. 호이징가는 '호모루텐스' 인간을 놀이하는 존재로 생각했습니다. 그는 놀이가 문화의 근원이며 예술, 경기, 재판, 종교 제의, 전쟁까지도 '놀이'의 하부 종으로 보았습니다. 놀이는 인간 특유의 자유와 창조성에서 나오는 모든 행위로 삶의 본질적인 요소입니다.

"넌 맨날 딱지만 치니?"

"놀이터 좀 그만 나가자."

놀이를 이해하지 못하고 놀 시간과 공간을 빼앗아서는 안 됩니다. 놀이를 인정하지 않는 것은 아이가 갖고 있는 본능, 즉 존재 자체를 인정하지 않는 것입니다. 나아가 놀 권리를 빼앗는 것입니다. 놀 권리를 빼앗고 그림책, 동시, 명화 등을 매개로 한 하브루타 수업단 허서는 안 됩니다. 아이는 있는 그대로 존중받지 못한다고 본능적으로 직감합니다.

존재 자체가 인정받지 못할 때 마음이 닫힙니다. 마음이 닫히면 생각이 닫힙니다. 생각이 닫히면 말문이 닫힙니다. 주어진 질문에 형식적으로 대답은 해도 진심을 나누는 소통의 하브루타는 불가능합니다.

가정에서도 마찬가지입니다. 딸아이가 초등학교 4학년이 되었습니다. 올해도 수학은 경채를 힘들게 하고 있습니다. 가정으로 수학 기초부진아 대상임을 알리는 통지서가 왔습니다. 경채는 초등학교 1학년 때부터 수학을 어려워했습니다.

"엄마, 왜 1 더하기 1은 2가 돼야 하는 거예요?"

"왜 수학은 꼭 정답이 있어요?"

정답이 있다는 사실을 매우 싫어하며 거부했습니다.

1학년 때 선생님과 상담을 했습니다.

"어머니, 아이가 심리적으로 수학을 거부하는 것 같아요."

가정에서 수학을 가르치려고 노력해 보았습니다. 초등학교 선생님인 남편이 직접 가르치다 상황은 더 악화되었습니다.

경채가 초등학교 3학년 때의 일이었습니다.

"9 더하기 2는 뭐야?"

"9 더하기 3은 뭐야?"

"9 더하기 4는 뭐야?"

화가 가득한 남편의 목소리는 점점 커졌습니다.

경채는 두려운 표정으로 계속 "15"라는 숫자만 계속해서 말했습니다.

"머릿속에서 그 15를 버리란 말이야!"

드디어 남편의 화가 폭발했습니다.

"내일부터 아빠랑 수학문제집 풀 거야. 못 푸는 숫자만큼 맞을 준비해. 알았어?"

폭풍 전야가 끝나고 울먹이는 아이를 안아 주었습니다. 남편은 남편대로 화가 단단히 났습니다.

학교에서와 달리 가정에서 자식을 가르칠 때는 감정이 앞서게 됩니다. 가정은 이성보다 더 본능적인 감정이 우선되는 공간입니다. 남의 아이처럼 내 아이를 이성적이고 합리적으로 대하기는 매우 어렵습니다.

다음 날 딸아이의 선생님을 찾아갔습니다. 선생님께서는 좌뇌우뇌 검사 결과지를 보여 주셨습니다. 딸아이는 우뇌가 다른 아이들에 비해 굉장히 발달해 있었습니다. 우뇌가 많이 발달한 아이들의 특징 중 하나가 수학을 싫어하는 것이었습니다.

"어머니, 수학을 강제로 강요하면 수학공포증까지 올 수 있어요. 숫자만 보면 앞이 캄캄해지는 거죠. 수학 말고 다른 부분은 아무런 문제가 없어요. 또한 우뇌가 발달한 아이들은 예술적 감각, 문학적 능력이 뛰어나요. 경채는 그림 그리기, 글쓰기도 잘하잖아요. 잘하는 것을 칭찬해 주고 이끌어 주세요."

퇴근 후 남편과 이야기를 나누었습니다. 경채의 존재 자체, 그 아이가 갖고 태어난 두뇌를 있는 그대로 인정하고 받아들이기로 했습니다.

어느 날 학교에서 돌아온 아이가 종이 한 장을 달라고 했습니다. 탁자에 앉아서 뭔가를 끼적이더니 그림과 함께 시 한 편을 보여 주었습니다.

〈학교 감옥〉
　　　　　조경채

학교는 감옥 같다.
학교가 끝나기 전에는
못 나간다.
선생님은 판사
우리는 죄수
잡혀 온 이유는
나이를 먹어서다.
학교감옥에서 배우는 건
잘못을 깨닫게 하는 것 같다.
학교 감옥은
싫다.

학교는 감옥이고 칠판에는 2×2=4라는 숫자가 적혀 있었습니다.

주변에서 수학을 못하면 좋은 대학을 가기 어렵다고 합니다. 학벌이 중요한 우리 사회에서 그런 이야기를 들으면 부모로서 불안해지기도 합니다. 그러나 명문 대학에 못 가도 괜찮습니다. 세상에 하나밖에 없는 소중한 딸이 존재 자체로 의미 있는 삶을 살아가길 바랍니다.

'너 자체에 관심이 있어.'

'너를 있는 그대로 인정해.'

있는 모습 그대로 서로가 인정하고 소중하게 바라볼 때 진짜 마음을 나누는 하브루타가 가능합니다.

소통을 위한 네 번째 하브루타 HOW

-아이에게 놀이란 무엇인가?

-내 아이의 있는 모습 그대로는 무엇인가?

-진심을 담은 하브루타를 위해, 인정하고 받아들여야 하는 것은 무엇인가?

05
소통을 위한 그림책 하브루타 HOW

『알사탕』
글·그림 백희나, 책읽는곰

동동이는 친구들이랑 놀고 싶지만 혼자 구슬치기를 합니다. 심심한 동동이는 새 구슬을 사러 문방구에 갑니다. 문방구에 갔다가 구슬처럼 생긴 알사탕을 사게 됩니다. 여러 색깔과 모양의 알사탕을 먹고 소파, 강아지, 아버지, 할머니의 마음속 이야기를 듣게 됩니다. 마지막 알사탕을 먹었는데 아무 소리도 들리지 않습니다. 동동이는 저만치 서 있는 친구를 만나게 됩니다. 이번에는 누구의 마음속 이야기가 들릴까요?

75

표현 중심 놀이 하브루타

① **도입 하브루타**

표지를 보면서 이야기 나누세요.

-아이의 표정이 어떠니?

-아이의 손에 있는 것은 무엇일까?

-만약 너에게 이것이 있다면 무엇을 하고 싶니?

② **그림책 감상**

그림책을 도란도란 읽어 주세요.

③ **내용·심화·적용 하브루타**

질문 후 장면을 찾아 생각을 나누세요.

-이야기를 잘 들어 보았니?

-동동이는 알사탕으로 누구의 마음속 이야기를 듣게 되었니?

-만약 마법의 알사탕이 있다면 누구의 마음속 이야기를 듣고 싶니?

-왜 ○○의 마음속 이야기를 듣고 싶니?

④ **짝 하브루타**

※교실에서 짝이랑 하는 짝 하브루타

-알사탕을 누구에게 주고 싶니?

-짝이랑 이야기 나눠 볼까?

-오늘의 기본 문장 나와라 짠!

"나는 마법의 알사탕이 있다면 ○○에게 주고 싶어. 왜냐하면~."

⋯▶ 짝을 보세요.

⋯▶ 네네 선생님!

⋯▶ 하브루타하세요.

⋯▶ 네네. 선생님!

-짝이랑 이야기 나눈다.

※가정에서 엄마 또는 아빠랑 하는 짝 하브루타

-알사탕을 누구에게 주고 싶니?

-왜 ○○에게 주고 싶니?

⑤ 표현 하브루타

-마음속 이야기를 들어 주는 마법의 알사탕이 있는데, 알사탕을 병에 담아 꾸며 볼까?

-병을 무엇으로 꾸미면 좋을까?

-무엇을 그리면 좋을까?

-병을 꾸미기 위해 무엇이 필요할까?

-마법의 알사탕 병에 담아 꾸미기

⋯▶ 준비물: 사탕, 매직, 스티커, 병

⋯▸ 유리병을 마음껏 꾸며요.

⋯▸ 사탕을 유리병에 담아요.

⋯▸ 마음속 이야기를 나누고 싶은 사람에게 사탕을 나눠줘요.

⑥ 종합 하브루타

-알사탕을 줄 생각을 하니까, 어떤 기분이 드니?

-알사탕을 함께 먹으면 어떤 일이 일어날까?

질문 중심 놀이 하브루타

① 도입 하브루타

표지를 보면서 이야기 나누세요.

-알사탕을 먹어 본 적이 있니?

-알사탕 맛이 어땠니?

-그림책 속으로 들어갈까?

② 그림책 감상

그림책을 도란도란 읽어 주세요.

③ 내용 하브루타

내용 질문 후 장면을 찾아보며 이야기 나누어 보세요.

-이야기를 잘 들었니?

-동동이는 혼자서 무엇을 했니?

-동동이는 무엇을 사게 되었니?

-동동이는 알사탕을 먹고 어떻게 되었니?

-동동이는 친구에게 무슨 말을 했니?

④ 질문 하브루타

장면을 다시 보여 주거나 궁금한 장면이 있으면 멈추서 질문 시간을 주세요.

-동동이에게 알사탕은 놀라운 경험을 줬어.

-이야기를 듣고 그림을 보니 무엇이 궁금하니?

✽아이랑 도란도란 만든 질문을 적어 보세요.

＊질문 중에 가장 이야기 나누고 싶은 질문을 선택해서 적어 보세요.

⑤ 짝 하브루타

＊최고의 질문으로 기본 문장을 만들어서 적어 보세요.

＊최고의 질문으로 짝이랑 생각을 나눠 보세요.

'알사탕'으로 아이들이 만든 질문

-왜 동동이는 혼자 놀았어요?

-왜 동동이는 구슬치기를 했어요?

-왜 친구들이 동동이랑 안 놀아줬어요?

-왜 알사탕을 샀어요?

-알사탕을 안 먹어도 되는데 왜 먹었어요?

-알사탕은 무슨 맛이에요?

-어떻게 알사탕은 마법을 부려요?

-아빠는 부엌에서 무엇을 하고 계세요?

-어떻게 할머니 소리를 들어요?

-어떻게 풍선껌이 총 모양이 되었어요?

-왜 마지막 투명 알사탕을 먹었을 때 아무 소리도 안 들렸어요?

-마지막에 나온 친구의 이름은 뭐예요?

-이 책은 누가 만들었어요?

아이들이 뽑은 최고의 질문

-어떻게 풍선껌이 총 모양이 되었어요?

최고의 질문으로 만든 기본 문장

-풍선껌은 총 모양이 되었어, 왜냐하면~.

-나는 풍선껌으로 ○○모양을 만들고 싶어.

⑥ 종합 하브루타

-이야기를 나눠 보니 어땠니?

-어떤 짝이 나와서 발표해 볼까?

-내일은 함께 만든 질문으로 더 많은 생각을 나누자.

마음에 남는 알콩달콩 하브루타

선생님: 누구의 마음속 이야기를 듣고 싶니?
아이1: 베어브레이드 팽이요.
선생님: 팽이가 뭐라고 이야기했으면 좋겠니?
아이1: 너 잘한다. 너 멋지다.
아이2: 친구요.
선생님: 친구가 뭐라고 이야기했으면 좋겠니?
아이2: 아까도 소파에서 이야기했는데요. 사랑해~.
선생님: 그렇구나.
아이3: 엄마요.
선생님: 엄마가 뭐라고 이야기해 주셨으면 좋겠니?
아이3: 맛있는 거 다 해 줄게. 사랑해.

　26명의 아이들에게 '누구에게 어떤 이야기를 듣고 싶니?'라고 물어보았습니다.
　12명의 아이는 친구, 동물, 가족에게 "나랑 놀자!"
　4명의 아이는 친구, 가족에게 "사랑해."
　4명의 아이는 친구, 가족, 놀잇감에게 "너 잘한다. 너 멋지다."
　그 밖의 친구들의 이야기입니다.
　TV에게 듣고 싶어요. "나 틀어 줘."
　강아지 모찌에게 듣고 싶어요. "귀 안 깨물게."
　장수풍뎅이에게 듣고 싶어요. "나 만져도 돼."
　곤충에게 듣고 싶어요. "난 네가 좋다."
　나무에게 듣고 싶어요. "나무로 집 짓는 사람 돼 줘."
　아이들은 "같이 놀자!", "사랑해!", "참 멋져!"라는 말을 많이 듣고 싶습니다.
　지금 마음속 이야기를 마음껏 들려주세요.

사(思)고치기
셋

뉴턴처럼
질문으로 반짝이는
아이의 창의성

01 창의성을 길러 주는 첫 번째 하브루타 HOW

"얼음으로 어떤 놀이를 하고 싶니?"

경기도의 한 교육 기관에서 창의성을 위한 연수로 하브루타 강의를 한 적이 있었습니다. 왜 창의성을 키우기 위한 연수로 하브루타를 선택했을까요? 하브루타와 창의성은 어떤 관련이 있을까요?

창의성이란 새로운 것을 생성해 내는 능력입니다. 그러나 하늘 아래 새로운 것은 없습니다. 인류 문화의 발전에 기여한 발명과 발견은 기존의 지식을 질문으로 탐구하며 만들어진 경우가 많습니다.

일상적으로 사과는 위에서 아래로 떨어집니다. 달은 밤하늘 위에 떠 있어 보입니다. 당연히 일어나는 현상에 대해 대부분의 사람은 질문하지 않습니다. 그러나 뉴턴은 당연한 것에 질문했습니다.

"왜 사과는 위에서 아래로 떨어질까?"

"왜 달은 위에서 아래로 떨어지지 않을까?"

그는 질문을 탐구하며 만유인력의 법칙을 발견했습니다.

이러한 질문은 철학과 비슷합니다. 소크라테스의 '너 자신을 알라.'는 새로운 말이 아닙니다. 흔히 사람들이 많이 사용하는 단어로 만들어진 문장입니다.

철학은 새로운 정보가 아니라 새로운 관점을 제시합니다. 관습적인 것이나 기존의 관념, 신념에서 떼어놓고 새롭게 생각해 보게 합니다.

질문도 마찬가지입니다. 질문을 통해 습관적으로 받아들였던 사실과 현상에 의문을 갖게 됩니다. 의문을 통해 당연한 것을 새롭게 보게 됩니다. 새롭게 보기를 통해 상상력이 발휘됩니다. 상상력을 통해 새로운 것이 만들어지며 창의성이 발휘됩니다.

하브루타는 질문하며 대화하는 교육이며 질문으로 시작됩니다. 어떤 질문을 하느냐가 대화를 이끌게 됩니다. 하브루타에서 질문은 매우 중요한 길잡이입니다.

하브루타로 질문을 많이 하게 되면서 창의적인 생각과 놀이를 발견하게 될 때가 많았습니다.

"얘들아! 요즘 날씨가 어떤 거 같니?"

"너무 추워요."

"바람이 세게 불어요."

"우리나라에는 사계절이 있단다. 봄, 여름, 가을, 겨울, 지금은 무슨 계절일까?"

"선생님! 저는 가을 같아요."

12월이라 당연히 '겨울'이라고 대답할 줄 알았습니다. 조금 당황스러웠습니다.

'여전히 나는 정해진 답을 갖고 아이들에게 질문하고 있었구나!'

'정해진 답이 아니라 아이들의 생각을 들어 보자.'

"그래 가을 같구나. 왜 그렇게 생각했니?"

"바람이 불고 춥잖아요."

"그래. 바람이 불고 추워서 가을 같구나."

"또 다른 생각을 하는 친구 있니?"

"저는 겨울 같아요."

"왜 겨울 같니?"

"선생님이 겨울 노래를 틀어 놓으시잖아요."

순간, '빵' 하고 웃음이 터졌습니다.

"그래. 선생님이 겨울 노래를 틀어 주었구나."

"또 다른 생각을 한 친구 있니?"

"저는 겨울 같아요. 겨울바람이 부는 거 같아요."

"그래? 가을도 겨울도 바람이 부는구나!"

"가을바람과 겨울바람은 어떻게 다를까?"

"가을바람은 시원해요. 겨울바람은 얼음 같아요."

"가을바람은 시원하고 겨울바람은 얼음 같구나."

겨울 날씨에 대한 이야기 나누기 후 '색 얼음으로 그림 그리기' 놀이를 제시하려고 했습니다. 그러나 질문으로 다양한 생각을 들으면서 생각을 바꿨습니다.

'정해진 놀이를 제시하지 말아야겠다. 얼음으로 어떤 놀이를 하고 싶은지 질문해 봐야겠다.'

다음날 봉지에 담은 얼음을 궁금이 상자에 넣어 왔습니다.

"얘들아! 궁금이 상자에 무엇이 들어 있을까?"

아이들은 나와서 상자를 흔들어 보고 손을 넣어 만져 보고 냄새를 맡아 보았습니다.

"소리가 탁탁 해요."

"아무 냄새가 안 나요! 뭐예요?"

"차가워요. 얼음인가?"

오감으로 탐색하며 무엇일지 궁금해했습니다.

"짜잔! 무엇일까? 얼음이네. 얘들아 얼음으로 어떤 놀이를 하고 싶니?"

얼음으로 아이들이 생각한 놀이
-얼음 보물찾기
-얼음 오래 견디기 게임
-얼음으로 성 쌓기
-얼음 굴려서 멀리 보내기
-얼음 먼저 먹기 게임

- 얼음을 수건으로 싸서 먼저 녹이기 게임
- 얼음을 따뜻한 물에 먼저 녹이기 게임
- 얼음 전달하기 게임
- 얼음 깨기 게임

아이들은 다양한 얼음놀이를 생각해 냈습니다. 그중 '얼음 보물찾기'는 왠지 불가능한 놀이로 생각되었습니다.

"얘들아! 근데, 얼음 보물찾기는 어떻게 할 수 있을까? 얼음을 숨겨 놓았는데, 녹으면 어떡하지?"

그때 한 아이가 손을 번쩍 들었습니다.

"선생님! 걱정하지 마세요. 아이스크림 사면, 넣어 주는 거 있잖아요?"

"드라이아이스?"

"네, 얼음을 드라이아이스랑 봉지에 같이 넣어서 숨기면 되요."

"얼음을 드라이아이스랑 봉지에 같이 넣어 두면 어떻게 되는데?"

"얼음이 잘 안 녹게 돼요."

"어떻게 드라이아이스는 얼음을 잘 안 녹게 할 수 있을까?"

"드라이아이스에서 연기가 나던 걸요?"

"그래? 드라이아이스는 연기가 나면서 크기가 점점 어떻게 되니?"

"점점 작아져요."

"그래, 드라이아이스는 점점 작아지면서 얼음이 안 녹게 시원하게 해 주는구나."

"그럼, 드라이아이스가 없어지기 전에 얼음 보물을 찾아야겠네요."

신나서 상기된 목소리로 대답했습니다. 아이들은 아이스크림을 살 때 경험했던 드라이아이스를 '얼음 보물찾기'에 새롭게 적용했습니다.

아이들이 가장 하고 싶은 놀이는 무엇이었을까요? '얼음 깨기 게임'이었습니다. 다음날 바깥놀이터에서 '누가 얼음의 조각을 많이 내면서 깰까?' 게임을 했습니다.

"선생님! 빨리 얼음 주세요."

"저도 주세요!"

12월이라 날씨가 추운데도 아이들은 얼음을 달라고 보챘습니다.

소그룹으로 얼음을 땅에 던져서 얼음 깨기 놀이를 했습니다.

"얼음을 살살 던져 보자. 힘껏 세게 던져 보자. 어떨 때 조각이 많이 나니?"

"세게 던질 때요."

"이번엔 가까이 던져 보자. 멀리 던져 보자. 어떻게 될까?"

"당연히 멀리 던지면 잘 깨지겠죠!"

"왜?"

"멀리 던지려면 세게 던져야 하잖아요."

"그럼 한 번 던져 볼까?"

힘의 세기와 거리에 따른 얼음 깨기 놀이를 했습니다. 또한 땅에 떨어진 얼음을 갖고 나뭇가지로 얼음 치기를 하다가 골대를 만들어 아이스하키 놀이도 하게 되었습니다.

"나뭇가지로 얼음을 치니까 어떻게 되니?"

"조금만 쳤는데도 멀리 가요."

"얼음을 만져 봐! 느낌이 어떠니?"

"미끌미끌해요. 아! 미끄러워서 살살 쳐도 멀리까지 가나 봐요."

"얼음이 미끄러워서 또 무슨 놀이를 하고 싶니?"

"친구 밀어주기요. 바닥이 다 얼음이면 좋겠어요."

"그래. 서로 밀어주면 재미있겠다."

"선생님! 또 얼음 없어요?"

얼음이 금방 동이 났습니다.

"어떡하지? 내일 또 얼음 줄까?"

"네!"

"저도요!"

"저는요?"

"내일 꼭 주셔야 해요!"

너도 나도 얼음을 달라고 하니, 한겨울에 얼음장수가 된 것 같았습니다.

"얼음으로 어떤 놀이를 하고 싶니?"

정해진 놀이가 아니라 질문함으로써 얼음을 새롭게 보고 상상하며 창의적인 놀이를 만들 수 있었습니다. 아이들은 스스로 만들어 낸 놀이에 더 몰입하며 즐거운 시간을 보냈습니다.

창의성을 길러 주는 첫 번째 하브루타 HOW

- 창의성이란 무엇인가?
- 창의성과 질문은 어떤 관계일까?
- 하브루타와 질문은 어떤 관계일까?
- 창의적인 놀이를 어떻게 만들어 낼 수 있을까?

02 창의성을 길러 주는 두 번째 하브루타 HOW

"우리 아이들의 창의성을
어떻게 키울 수 있을까요?"

질문은 무엇인가를 새롭게 보게 하고 상상의 날개를 펼치게 해 줍니다. 창의성은 질문이 자연스러운 문화 속에서 길러집니다.

유대인은 어렸을 때부터 질문을 매우 중요시합니다. 부모들은 자녀들에게 "결코 질문하는 것을 부끄럽게 생각하지 마라."라고 가르칩니다. 학교에서 돌아오면 "오늘은 선생님께 어떤 질문을 했니?"라고 물어봅니다. 이러한 질문 경험은 가정에서부터 시작됩니다.

그러나 대화와 질문이 없던 가정에서 갑자기 질문하는 것은 정말 어색한 일입니다. 처음 하브루타에 관심을 갖게 된 후 가정에서 아들과 하브루타를 시도했습니다. 벌써 초등학교 2학년이 된 아이는 마음대로 되지 않았습니다. 동화책을 읽다가 잠시 멈춘 후 질문을 했습니다.

"왜 장님은 등불을 들고 다녔을까?"

"휴! 엄마! 예전처럼 그냥 동화만 읽어 주시면 안 돼요?"

순간, 아들은 질문이 귀찮다는 듯이 인상을 찌푸렸습니다. 계속 질문하자 할 수 없다는 듯이 건성으로 대답했습니다. 필자 또한 질문이 매우 어색하지만 노력하고 있었는데, 이러한 노력을 몰라주는 것 같아 점점 기분이 나빠졌습니다.

'질문이 중요하니 해야 한다.'는 압박감은 관계만 악화시켰습니다. 갈수록 경찰서에서 범죄자를 유도 심문하는 장면이랑 비슷해졌습니다.

교실에서도 마찬가지였습니다.

"선생님들께서 다양한 해답이 있는 개방적 질문보다 정답이 있는 폐쇄적 질문을 너무 많이 사용하고 계세요. 우리 아이들의 창의성 어떻게 키울 수 있을까요?"

창의성 교육을 위한 한 연수를 듣고 나서 질문에 대해 심각하게 고민한 적이 있었습니다. 다양하고 창의적인 질문을 많이 하고 싶었습니다. 그러나 질문의 종류를 달달 외어도 수업 중에 자연스럽게 나오기가 어려웠습니다. 돌아보니 질문을 자유롭게 해 본 경험이 거의 없었습니다.

질문을 하지 못하는 것은 개인만의 문제가 아닙니다. 개인이 아무리 질문 능력이 뛰어나도 질문하는 문화가 아니면 자유롭게 질문하기가 어렵습니다. 우리나라의 질문 문화는 어떤가요? 언제 어디서나 누구에게나 질문할 수 있는 문화인가요?

조선시대까지만 해도 경연이라는 제도를 통해 질문과 토론이 활발히 이루어졌습니다. 경연은 왕과 신하가 국사에 대해 질문하고 대화하는 하브루타입니다. 조선 말기로 넘어가면서, 특히 일제 강점기를 겪으면서 질문하고 대화하는 하브루타가 점차 사라지게 되었습니다. 우리 민족은 철저히 일왕의 명령에 복종하는 황국신민으로서의 역할만 해야 했습니다. 일본은 질문하고 대화하지 못하는 일제식 교육을 실시했습니다. 창씨개명을 하라고 하면 해야 했습니다. 생각할 시간을 주지 않았습니다.

"왜 창씨개명을 해야 하지?"

"왜 한글을 사용하지 못하게 하지?"

"나는 어느 나라 사람이지?"

함께 모여 질문으로 하브루타를 하다 보면 독립운동을 하게 되기 때문입니다.

불행하게도 해방 이후에도 독재 및 군부정권의 정치로 인해 질문하지 못하는 사회가 계속되었습니다.

이제라도 잃어버린 질문의 문화를 찾아야 합니다. 다음 세대에게는 질문하는 문화를 만들어 주어야 합니다.

어떻게 하면 질문하는 능력을 기를 수 있을까요? 질문이 낯설고 어렵다면 스스로 질문을 만들어 보는 '질문 만들기'가 많은 도움이 됩니다.

하브루타 연수를 통해 처음으로 질문 만들기를 했는데, 어떻게 질문을 만들어야 할지 난감했습니다.

'스스로 질문을 만들어 본 경험이 있었던가?'

필자는 1970년대 생으로 주입식 교육을 받으며 자랐습니다. 지금까지 치른 수많은 시험은 타인이 만든 질문에 정해진 답을 적는 것이었습니다. 스스로 질문을 만드는 것이 어려울 수밖에 없었습니다.

2010년 한국에서 열린 G20 정상회의 폐막식 때 오바마 전 미국 대통령의 기자 회견이 있었습니다. 마지막에 특별히 한국 기자들에게 질문할 기회를 주었습니다. 아무도 나서지 않았습니다. 중국 기자가 질문하겠다고 하는데도 오바마 전 미국 대통령은 한국 기자에게 질문의 기회를 주고 싶다고 했습니다. 지속되는 질문 기회에도 끝내 한국 기자들은 질문하지 않았습니다. 질문이 어색한 문화 속에서 잘못된 질문을 할까 봐 두려웠기 때문입니다.

'무엇을 어떻게 질문해야 할까?' 질문이 어려운 것은 어쩌면 너무도 당연합니다. 하브루타 수업 모형은 '무엇을 어떻게 질문할 것인지?'에 대해 체계적으로 알려 줍니다.

하브루타 수업 모형(전성수)

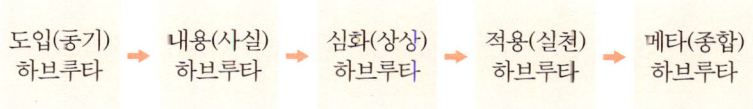

놀이 하브루타 수업 모형은 하브루타 수업의 일반적 모형에 표현적 과정을 포함시킨 수업 모형입니다. 표현 하브루타는 유아기의 직접 경험을 통해

지식을 구성하는 발달적 특징을 반영한 것입니다.

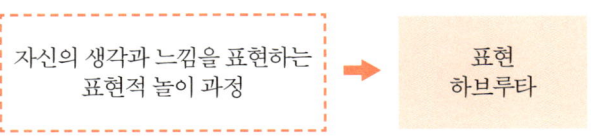

그러나 유아뿐만 아니라 누구나 자신의 생각과 느낌을 글자, 그림, 몸짓 등으로 표현할 때 능동적으로 참여하게 됩니다. 아동 및 교사나 부모를 위한 수업에도 놀이 하브루타 수업 모형이 활용됩니다. 다음과 같은 놀이 하브루타 수업 모형(채명희)을 제1차 하브루타학술대회에서 발표했습니다.

놀이 하브루타 수업 모형(채명희)

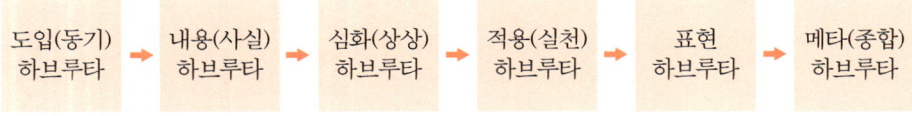

① 도입(동기) 하브루타

표지, 동영상, 사진, 그림 자료, 수수께끼 등으로 주의를 집중시키고 동기를 유발하는 활동 및 질문입니다.

② 내용(사실) 하브루타

주제와 내용을 이해하기 위한 표면적, 외면적, 객관적 질문입니다.

*오감각의 탐색을 위한 질문: 무엇이 보이나? 무슨 냄새가 나는가? 어떤 느낌인가? 무엇이 들리나? 등

*육하원칙 질문: 언제, 어디서, 누가, 무엇을 어떻게, 왜?

③ 심화(상상) 하브루타

추론과 상상을 통한 본질적, 내면적, 주관적 질문입니다.

*유추 질문: 어떤 마음일까?, 왜 그랬을까?

*상상 질문: 만약 ~(언제, 어디서, 누가, 무엇을, 어떻게, 왜)라면?

*가치 질문: 옳은 걸까? 그른 걸까?

*문제 제기 질문: 또 어떤 점이 궁금한가? 무엇이 문제일까? 바꾸고 싶은 내용이 있는가?

*문제 해결 질문: 어떻게 해야 할까? 가장 좋은 방법은 뭘까? 더 좋은 방법은 없는가?

④ 적용(실천) 하브루타

현실의 경험과 연관된 질문, 실천과 관련된 질문입니다.

*적용 질문: 비슷한 경험이 있는가? 나(우리)는 어떻게 할 것인가? 언제 어디서 어떻게 실천할 것인가?

⑤ 표현 하브루타

자신의 생각과 느낌을 글, 그림, 신체, 놀이 등으로 다양하게 표현하는 표현적 놀이 과정입니다.

⑥ 메타(종합) 하브루타

종합하고 정리 또는 사고를 확장하는 질문입니다.

*가장 생각나는 것은 무엇인가? 어떤 점을 느끼게 되었는가? 새롭게 알게 된 것은 무엇인가? 더 궁금한 점은 무엇인가?

도입 하브루타	표지, 동영상, 사진, 그림 자료, 수수께끼 등으로 동기를 유발한다. - (제목, 글씨 등을 보며) 이것은 무슨 뜻일까? - 무엇을 하고 있을까? 사전 경험과 연결하여 동기를 유발한다. - 본 적이 있니? 해 본 적이 있니? 가 본 적이 있니?
내용 하브루타	주제와 줄거리를 이해한다. - '언제, 어디서, 누가, 무엇을, 어떻게, 왜?'에 의한 질문(육하원칙) - 시각, 청각, 촉각, 미각, 후각에 의한 질문(오감각) - 장면을 순서대로 놓아 보기 - 내용으로 OX 퀴즈하기
심화 하브루타	숨겨진 생각과 감정을 추측해 보고 육하원칙으로 상상한다. - 어떤 마음일까?(감정 추측) - 왜 그랬을까?(생각 추측) - 만약~(언제, 어디서, 누가 무엇을 어떻게, 왜)라면?
적용 하브루타	나 또는 우리의 생활에서의 실천 방법을 생각한다. - 나는 어떻게 할 것인가? - 우리는 어떻게 할 것인가?
표현 하브루타	생각과 느낌을 다양하게 표현(글, 그림, 신체, 놀이 등)한다.
종합 하브루타	종합 정리 및 새로운 질문을 제시한다. - 짝 하브루타 발표하기 - 무엇을 느꼈니? 무엇을 새롭게 알게 되었니? - 또 궁금한 것이 있니?

어떤 주제에 대해 하브루타하기 위해서는 먼저 그 주제에 대한 이해가 필요합니다. 그 후에 추론하고 상상하며 자신의 생각을 이야기할 수 있습니다.(외적 질문→내적 질문→적용 질문)

질문은 내용을 통한 표면적, 외면적, 객관적 질문(내용 하브루타)에서 추론과 상상을 통한 본질적, 내면적, 주관적 질문(심화 하브루타)으로 나아갑니다. 즉 겉으로 보이는 대상과 주제에 대한 피상적인 질문 후 숨은 본질에 대한 질문으로 흘러갑니다. 그 후 주제에 대한 깊은 이해를 바탕으로 삶의 문제와 연결된 적용적, 실천적 질문(적용 하브루타)으로 나아갑니다.

결국 하브루타는 질문으로 진리를 찾아 그것을 삶에서 실천하는 과정입니다. 배움 없는 실천은 위험하고 실천 없는 배움은 허무하기 때문입니다.

강의 중 개인적인 상처에 대한 이야기를 할 때가 있습니다. 강의가 끝나고 집에 돌아오면서 스스로에게 이런 질문을 던졌습니다.

"왜 나는 상처를 이야기하면서까지 강의를 하는가?"

어떠한 일과 행동에 대해 "왜?"(심화 하브루타)라는 질문을 던지는 것입니다. "왜?"는 궁극적인 목적을 다시 생각하게 합니다. 그 일을 해야 하는 이유를 찾게 하고 내적 동기를 일으킵니다.

"왜?"가 분명해지면 다음으로 "어떻게?"라는 질문을 하게 됩니다.

"어떻게?"(적용 하브루타)라는 질문은 구체적인 방법에 관한 것으로 외적 동기를 일으킵니다. 이러한 질문들은 창의적인 삶을 살아가게 합니다.

창의성을 길러 주는 두 번째 하브루타 HOW

-창의성은 어떤 문화에서 길러질 수 있을까?

-우리나라의 질문 문화는 어떠한가?

-왜 질문의 문화를 잃어버렸을까?

-하브루타 수업 모형과 놀이 하브루타 수업 모형은 무엇인가?

-어떻게 하면 창의적인 삶을 살 수 있을까?

03
창의성을 길러 주는
세 번째 하브루타 HOW

『오소리네 집 꽃밭』
글 권정생, 그림 정승각, 길벗어린이

어느 날 오소리 아줌마는 회오리바람에 읍내 장터까지 날아가게 된다. 집으로 돌아가는 길에 우연히 학교 안에 있는 꽃밭을 보게 된다. 꽃밭이 너무 예뻐서 집으로 가자마자 오소리 아저씨에게 꽃밭을 만들자고 한다. 꽃밭을 만들려고 아저씨가 괭이로 땅을 쪼는데, 그때마다 꽃 뿌리들이 걸려 들어온다. 일부러 꽃밭을 만들지 않아도 이미 오소리네 집 주변이 꽃밭임을 알게 된다. 오소리 부부는 더 이상 꽃밭을 만들지 않게 된다.

"오! 오늘은 커피에 대해 궁금해했네."

하브루타 연수 중 『오소리네 집 꽃밭』 그림책으로 질문 만들기를 했습니다. 처음 만든 질문인데도 좋은 질문이 많이 나와서 놀랐습니다.

『오소리네 집 꽃밭』 그림책으로 선생님들이 만든 질문
 -꽃밭을 어디에다 만들면 좋을까?
 -꽃밭을 만든다면 우리 몸 중 어디에 만들고 싶니?
 -회오리바람에 날아간다면 어디로 가고 싶니?
 -오소리 아줌마가 본 학교 안 꽃밭에 너희들이 간다면 무엇을 하고 싶니?
 -만약 내가 오소리 아줌마라면 꽃밭에 누구를 초대하고 싶니?
 -꽃밭의 꽃들을 어떻게 잘 자라게 할 수 있을까?

『오소리네 집 꽃밭』 그림책으로 학부모들이 만든 질문
 -오소리 아줌마는 거짓말쟁이일까?
 -내가 길을 잃어버린다면 어떻게 할까?
 -너는 회오리바람이 불면 어디로 날아가면 좋겠니?
 -오소리아줌마처럼 내가 갖고 있는 것을 모르고 친구의 장난감이 좋아 보인 적이 있니?
 -진수네 밭둑에 서 있던 50년 묵은 밤나무가 왜 뽑혔을까?
 -오소리아줌마가 바람에 날아갔다고 솔직하게 말했다면 아저씨가 뭐라

고 했을까?

-다른 환경 혹은 다른 사람들과 비교하여 내가 가진 소박한 행복들을 놓치고 있지는 않을까?

단지 하브루타 수업 모형에 따른 질문의 종류와 흐름을 알려 드렸을 뿐입니다. 2명씩 짝을 지어 서로가 만든 질문 중 좋은 질문을 선택했습니다. 선택한 질문으로 서로의 생각을 나누었습니다.

이러한 질문 만들기를 통해 질문에 대한 자신감을 갖게 되고 다양한 질문에 대한 감각이 길러질 수 있습니다. 교사 양성 과정과 교사 및 학부모 연수 등을 통해 질문 만들기를 다양하게 경험하면 좋습니다.

질문 만들기 과정
① 하브루타 수업 모형으로 질문의 종류와 흐름을 이해한다.
② 다양한 종류의 질문을 만들어 본다.
③ 2명씩 짝을 지어 서로가 만든 질문에 대해 이야기 나눈다.
④ 만들어진 질문 중 함께 생각을 나누고 싶은 좋은 질문을 1~2개 정도 선택한다.
⑤ 선택한 질문에 대해 서로의 생각을 나눈다.

그러나 단지 '질문 만들기'를 많이 한다고 해서 질문의 문화가 만들어지기는 어렵습니다. 이러한 '질문 만들기'의 경험을 토대로 일상의 모든 생활에서 질문하는 태도를 갖는 것이 중요합니다.

대화 자체가 어색하다면 하루의 경험에 대한 질문으로 시작하면 좋습니다. 가정에서 '밥상머리교육'이 강조되는 이유는 밥을 먹으면서 하루에 있었던 일상에 대해 질문하고 대화하기 때문입니다.

하브루타를 알게 되면서 가족들이 각자 편리한 시간에 따로 하던 저녁식사를 함께하기 시작했습니다. 처음에는 하루의 경험에 대한 하브루타가 어색했습니다.

"기분이 좋아 보이네. 오늘은 무슨 놀이를 했니?"

"학교에서 재미있는 일은 없었니?"

아이들이 "몰라요.", "없어요." 하고 대답하면 기분이 나빠지고 그만두고 싶었습니다. 그러나 아이들에게도 '말하지 않을 자유'가 있었습니다. '어떻게 하면 좋을까?' 고민하다가 욕심을 버리고 그냥 필자의 하루 이야기를 하기 시작했습니다.

"오늘, 엄마네 반 아이가 바깥놀이터에서 놀다가 입에서 피가 나서 엄청 울었어. 엄마가 얼마나 놀랐는지 몰라."

"왜요?"

"미끄럼틀을 타고 내려오다가 친구가 부르니까 뒤를 쳐다본 거야. 고개를 돌리다가 이빨이 미끄럼틀에 부딪혔단다."

"그래서 어떻게 되었어요?"

"엄마! 그러니까 미끄럼틀 탈 때 앞에만 보고 타라고 해야 해요."

아이들은 관심을 기울이며 집중하며 들었습니다. 문제 상황에 대해서는 조언을 해 주기도 했습니다. 어느 날부터인가 아이들도 서서히 자신의 이야기를 하기 시작했습니다.

어느 날은 필자가 식사가 먼저 끝나서 무심코 일어나려고 했습니다.

"엄마! 아직 제 이야기 안 끝났어요. 일어나시면 안 돼요!"

딸아이의 이야기에 깜짝 놀랐습니다. 늘라면서도 기쁜 마음에 얼른 "엄마가 미안해!" 하며 자리에 앉았습니다. 함께 식사하며 대화하는 것이 이제는 너무나 당연한 일상이 되었습니다.

"여보! 대학원 가는 길이 무료 도로가 있고 고속도로가 있어. 어느 길로 가는 게 더 합리적일까? 고속도로는 톨게이트 비용이 1,700원이야. 거리는 고속도로가 3km 더 짧고 무료 도로보다 10분 빨라. 연비랑 상관이 있는 건가?"

"갑자기 왜 그런 걸 물어봐? 연비나 비용 이런 거에 전혀 관심 없었잖아?"

남편은 항상 무덤덤하게 내비게이션의 추천 거리로만 다니던 필자가 질문을 하자 이상하다는 듯이 쳐다보았습니다.

생활 속에서 질문이 자연스러울 때 수업 중에도 질문할 수 있습니다. 일상생활과 수업이 분리되지 않기 때문입니다.

이러한 사실을 알게 된 후, 소소한 일상에 대해 스스로 질문하기 시작했습니다.

'커피의 색깔은 맛에 어떤 차이를 만들까?'

무심코 마시던 커피에 대해서도 호기심을 가져 봅니다. 질문하며 인터넷

검색 등을 통해 새롭게 알게 된 것은 수첩에 메모해 놓습니다.

"오! 오늘은 커피에 대해 궁금해했네!"

"오! 이것을 새롭게 알게 되었네."

아무도 알아주지 않고 유치해 보일 수도 있지만 스스로 한 질문에 대해 칭찬도 해 줍니다. 이러한 필자의 작은 생각의 변화가 교실과 가정의 질문에 영향을 줄 것이라고 믿기 때문입니다.

하루아침에 질문하는 문화가 만들어지기는 어렵습니다. 그러나 탈무드에는 "한 사람의 변화가 세상의 변화다."라는 격언이 있습니다. 지금, 이 순간 내가 할 수 있는 소소한 질문부터 시작하면 됩니다.

> **창의성을 길러 주는 세 번째 하브루타 HOW**
> -질문 만들기 과정은 어떻게 되나?
> -질문의 문화를 만들려면 어떻게 해야 할까?

04 창의성을 길러 주는 네 번째 하브루타 HOW

"최고의 작품은 놀이 정신에서 나옵니다."

"최고의 작품은 놀이 정신에서 나옵니다."
 미국 펜실베이니아 피츠버그에 본사를 둔 인벤션 랜드 회사의 슬로건입니다. 이 회사의 주요 업무는 아이템을 발명하는 것입니다. 매일 수많은 아이디어가 쏟아져 나옵니다. 매년 2,000여 개의 특허를 등록합니다. 하루 3개꼴로 특허를 등록하는 것입니다.

사무실은 6,500m²의 넓은 부지에 있습니다. 해적선, 성, 동굴 등 15개의 판타지 존으로 놀이공원과 흡사합니다. 오후 3시가 되면 모든 직원은 10분간 스펀지 총싸움 놀이를 합니다. 총싸움 놀이 후에 새로운 아이디어가 더 많이 떠오른다고 합니다.

왜 놀이 후에 새로운 아이디어가 더 많이 떠오를까요? 놀이는 실수를 용납해 주고 자유로운 상상을 가능케 하기 때문입니다. 놀이, 그 자체가 창의성을 길러 주는 좋은 방법입니다. 신기하게도 놀이의 사고 과정 속에 체계적인 질문이 있습니다.

놀이를 하려면 먼저 질문을 해야 합니다.

"무슨 놀이를 할까?"

"어디서 놀이를 할까?"

"누구랑 놀이를 할까?"

"무엇으로 놀이를 할까?"

"어떻게 놀이를 할까?"

아이 주도의 놀이는 스스로의 질문에 대한 해답을 찾아가는 과정입니다.

그러나 어떤 사람들은 아이가 매일 구슬 굴리기를 하면 대충 보고 이야기합니다.

"너는 맨날 구슬 굴리기만 하냐?"

한심하게 생각합니다. 왠지 창의성이 길러지지 않을 것 같습니다. 하지만 교실에서의 놀이를 자세히 관찰하면 놀랍습니다. 매일 똑같은 구슬 굴리기를 하는 것 같습니다. 그러나 똑같은 놀이는 거의 없습니다. 함께 놀이하는 친구, 구슬 고르기, 구슬 굴리기 설계, 굴리는 방향과 세기 등이 놀이를 할 때마다 달라집니다.

학기 초에는 단순한 구슬 굴리기 설계도 어려워합니다. 그런데 학기 말이 되면 책상, 다른 블록 등과 연결하여 커다랗고 복잡한 구슬 굴리기를 만들어 냅니다. 놀이를 시작할 때뿐만 아니라 놀이를 하는 과정에서 계속적으로 질문하기 때문입니다.

"왜 구슬이 굴러가지 않을까?"

"왜 진수 구슬은 잘 굴러가는데 내 구슬을 안 굴러갈까?"

"더 높은 곳에서 구슬을 굴리게 하려면 어떻게 해야 할까?"

"더 길게 구슬을 굴러가게 하려면 어떻게 해야 할까?"

끊임없는 질문을 통해 경험과 경험, 생각과 생각이 연결됩니다. 똑같은 놀이처럼 보이지만 아이의 생각은 계속 자라고 있습니다. 생각의 재창조로 새로운 놀이가 만들어집니다.

4차 산업혁명의 급변하는 사회에서 이러한 자유 놀이가 계획된 놀이보다 더 강조되고 있습니다. 미래 사회는 예측할 수 없습니다. 새로운 변화에 적응하고 창조적으로 변화를 이끌어야 합니다.

단순히 많은 정보가 아니라 직관력, 감정 조절 능력, 소통 능력, 협업 능력, 예측할 수 없는 문제 해결 능력, 창의성, 즉흥력이 필요합니다. 이러한 능력은 교사나 부모에 의해 계획된 놀이보다 예측할 수 없는 자유 놀이에서 발달합니다. 또한 자유 놀이에 루빈(Rubin) 등 놀이에 대한 연구자들이 제시한 놀이의 요소(내적 동기, 자발성, 즐거움, 과정 지향성, 비셀제성, 적극성)가 더 많이 포함될 수 있습니다.

교사나 부모는 무엇을 해야 할까요? 자유 놀이가 일어나도록 놀잇감, 몰입할 수 있는 놀이 공간, 생각 공간, 질문 공간을 주어야 합니다. 아이가 충분히 놀잇감을 탐색하며 호기심을 갖고 끊임없이 질문하며 새로운 놀이를 시도할 수 있어야 합니다.

교실과 가정에서 놀이할 때 가장 어려운 부분이 탐색입니다. 탐색은 부모와 교사에게 많은 인내심을 요구하기 때문입니다. 놀이의 요소가 포함된 진짜 놀이를 위해서는 놀잇감을 충분히 탐색할 수 있는 시간이 필요합니다.

놀이 하브루타 수업 모형의 과정으로 새로운 놀이를 만들 수 있습니다. 탐색은 내용 하브루타의 과정입니다. 내용 하브루타가 부실하면 놀이를 만드는 심화 및 적용 하브루타가 어렵습니다.

충분한 탐색 후의 아이 주도 놀이는 교사와 부모 주도의 놀이보다 더 창의적으로 전개될 수 있습니다.

어느 날 흙물감으로 그림 그리기 활동을 했습니다. '흙물감으로 그림을 그린 후 색칠하기를 해야지.' 생각을 했습니다. 먼저 활동에 대해 아무런 설명을 해 주지 않고 미술 영역 책상 위에 흙물감과 나무젓가락, 종이접시를 놓아두었습니다.

등원 후 자유 선택 활동 시간이 되자 아이들이 미술 영역에 왔습니다.

유나: 이게 뭐예요?

교사: 이게 뭘까? 어떻게 알 수 있을까?

유나: 만져 봐요. 냄새 맡아 봐요.

교사: 그래 다양한 감각으로 알아맞혀 볼까?

유나: 된장 같아요.

교사: 왜 그런 생각이 들었어?

유나: 항아리에 들어 있잖아요!

민지: 흙 같아요.

교사: 왜?

민지: 만져 봤는데, 모래 같은 것이 있어요.

지영: 거똥 같아요.

교사: 왜?

지영: 색깔 때문에요.

나윤: 생크림 같아요. 너무 부드러워요.

유나: 선생님! 손으로 찍어 보고 싶어요.

민지: 그림을 그려 보고 싶어요.

교사: 무엇이 필요할까? 선생님이 무엇을 준비해 줄까?

민지: 종이요. 붓이요.

지영: 신문지도 주세요.

(흙물감으로 종이 위에 손으로 찍기 놀이, 손으로 그리기, 그림 그리기, 색칠하기 등의 활동을 함)

나윤: 선생님! 색깔 물감 주시면 안 돼요?

교사: 무슨 색깔이 필요하니?

나윤: 노랑이랑 초록이요.

(교사는 팔레트에 유아들이 필요하다고 하는 색깔 물감을 짜 준다. 아이들이 자유롭게 흙물감과 수채화물감을 사용하여 그림을 그리고 색칠한다.)

교사가 주도한 계획된 놀이	아이가 주도한 자유 놀이
흙물감 탐색하기 흙물감으로 그리고 색칠하기	흙물감 탐색하기 흙물감 손으로 찍고 그리기 흙물감으로 그리고 색칠하기 흙물감+색물감으로 그리기 및 색칠하기

만약 충분한 탐색 없이 교사가 계획한 놀이를 먼저 제시했다면 어땠을까요? 아이 주도 놀이를 통한 더 다양하고 창의적인 놀이 기회를 빼앗고 말았을 것입니다. 충분한 탐색 시간과 하브루타를 통해 보다 다양하고 새로운 놀이를 할 수 있었습니다.

도입 하브루타	동기 및 호기심을 유발한다. 사전 놀이 경험에 대해 이야기 나눈다. - 이것(놀잇감)을 본 적 있니? - 이것(놀잇감)으로 놀이를 한 적이 있니?
내용 하브루타	오감각으로 놀잇감을 충분히 탐색하게 한다. - 어떻게 알 수 있을까? - 눈으로 볼까? - 손으로 만져 볼까? - 귀로 들어 볼까? - 냄새 맡아 볼까? - 맛을 볼까?(인체에 해롭지 않은 것)

심화 및 적용 하브루타	놀이 방법에 대해 생각할 시간을 주고 생각을 나눈다. - 구슬 놀이를 할 수 있을까? - 어떻게 놀 수 있을까? - 누구랑 놀 수 있을까? - 언제, 어디서 놀 수 있을까? - 무엇이 필요할까?
표현 하브루타	함께 만든 다양한 놀이 방법으로 신나게 놀이한다.
종합 하브루타	놀이를 한 후 생각과 느낌을 나눈다. - 놀이해 보니 어떠니? - 어떤 점이 새로웠니? - 다음에는 어떻게 놀이해 볼까?

창의성을 길러 주는 네 번째 하브루타 HOW

- 놀이와 창의성, 하브루타의 관계는 무엇인가?
- 놀이의 요소는 무엇인가?
- 교사와 부모 주도 놀이와 아이 주도 놀이는 어떻게 다른가?
- 놀이를 놀이 하브루타 수업 모형으로 어떻게 전개할 수 있는가?

05
창의성을 길러 주는
그림책 하브루타 HOW

『아빠한테 가고 싶어요!』
글 유다정, 그림 주보희, 미래아이

지난겨울 아빠곰과 아기곰은 겨울잠을 잘 동굴을 찾아다녔습니다. 함께 찾은 동굴의 크기가 작아서 아빠곰은 아기곰을 재우고 다른 동굴을 찾아갔습니다. 겨울잠을 자고 난 아기곰은 아빠곰을 찾으러 갑니다. 아기곰은 커다란 철조망에 막히게 됩니다. 아기곰이 겨울잠을 자는 동안 사람들은 산을 무너뜨리고 길을 만들었습니다. 아기곰은 아빠곰을 만나러 갈 수가 없게 되었습니다. 아기곰과 아빠곰은 만날 수 있을까요?

표현 중심 놀이 하브루타

① 도입 하브루타

표지를 보면서 이야기 나누세요.

-아기곰이 어디 위를 걷고 있니?

-다리를 건너 본 적이 있니?

-왜 아기곰은 아빠곰한테 가고 싶을까?

② 그림책 감상

그림책을 도란도란 읽어 주세요.

③ 내용·심화·적용 하브루타

질문 후 장면을 찾아 생각을 나누세요.

-이야기를 잘 들어 보았니?

-왜 사람들은 길을 만들었을까?

-왜 산을 무너뜨리고 길을 만들까?

-찬성하는 이유가 뭐니?

-반대하는 이유가 뭐니?

-어떻게 동물도 사람도 다니는 길을 만들 수 있을까?

④ **짝 하브루타**

※교실에서 짝이랑 하는 짝 하브루타

-어떤 생태 통로를 만들고 싶니?

-짝한테 어떤 생태 통로를 만들고 싶은지 이야기해 보자.

-오늘의 기본 문장을 알려 줄게.

"나는 ○○모양의 생태 통로를 만들고 싶어. 왜냐하면~."

⋯▸ 짝을 보세요.

⋯▸ 네네, 선생님!

⋯▸ 하브루타하세요.

⋯▸ 네네, 선생님!

-짝이랑 이야기 나눈다.

※가정에서 엄마 또는 아빠랑 하는 짝 하브루타

-어떤 생태 통로를 만들고 싶니?

-왜 ○○모양 또는 색깔의 생태 통로를 만들고 싶니?

⑤ **표현 하브루타**

-어떤 모양의 생태 통로를 만들고 싶니?

⋯▸ 준비물: 종이, 크레파스, 사인펜 등

⋯▸ 인터넷을 통해 다양한 생태 통로를 알아보아요.

⋯▸ 내가 만들고 싶은 생태 통로를 그려 봐요.

⑥ 종합 하브루타

-어떤 생태 통로를 그렸니?

-생태 통로로 아기곰과 아빠곰은 만났을까?

-만약 못 만났다면 어떨까?

-만약 만났다면 어떨까?

질문 중심 놀이 하브루타

① 도입 하브루타

표지를 보면서 이야기 나누세요.

-곰을 본 적이 있니?

-어디를 가고 있을까?

-아기곰의 표정이 어떠니?

-왜 아빠한테 가고 싶을까?

-그림책 속으로 들어갈까?

-OX 퀴즈도 풀어 보고 재미있는 질문을 만들어 보자!

② 그림책 감상

그림책을 도란도란 읽어 주세요.

③ 내용 하브루타

내용 질문을 OX 퀴즈로 내며 이야기 나누어 보세요.

-이야기를 잘 들어 보았니? 동화 내용을 들려줄 거야.

-내용과 맞으면 O, 틀리면 X 모양을 두 팔로 만들어 보는 OX 게임을 해 보자.

-아빠곰과 아기곰은 한 동굴에 잤어. 맞으면 O와 틀리면 X, 무엇일까?

-아기곰은 철조망 때문에 아빠곰에게 가는 길이 막혔어. 맞으면 O와 틀리면 X, 무엇일까?

-아기곰은 아빠랑 함께 있는 꿈을 꾸었어. 맞으면 O와 틀리면 X, 무엇일까?

-누군가가 아기곰을 도와주었어. 맞으면 O와 틀리면 X, 무엇일까?

-아기곰은 아빠곰이 보고 싶었어. 맞으면 O와 틀리면 X, 무엇일까?

④ 질문 하브루타

장면을 다시 보여 주거나 궁금한 장면이 있으면 멈춰서 질문 시간을 주세요.

-아기곰과 아빠곰의 이야기를 잘 들어 보았니?

-이야기를 듣고 그림을 보니 무엇이 궁금하니?

✱아이랑 도란도란 만든 질문을 적어 보세요.

✱질문 중에 가장 이야기 나누고 싶은 질문을 선택해서 적어 보세요.

⑤ 짝 하브루타

✱최고의 질문으로 기본 문장을 만들어서 적어 보세요.

＊최고의 질문으로 짝이랑 생각을 나눠 주세요.

『아빠한테 가고 싶어요!』로 아이들이 만든 질문

-왜 동굴이 좁았어요?

-왜 공사가 끝났는데 철조망을 안 치웠어요?

-왜 엄마곰은 없어요?

-어떻게 곰이 똑똑해요?

-왜 아기곰은 길가에서 잠이 들었어요?

-아빠곰은 차에 치였나요?

-왜 아기곰은 아빠곰에게 가고 싶어요?

-왜 아기곰을 다른 동물들이 못 도와주었어요?

-어떻게 마지막에 아빠곰이랑 아기곰이 만났어요?

-왜 사람들이 길을 만들었어요?

-왜 꼭 산을 무너뜨리고 길을 만들어요?

아이들이 뽑은 최고의 질문

-왜 사람들이 길을 만들었어요?

최고의 질문으로 만든 기본 문장

-사람들은 길을 만들었어. 왜냐하면~.

⑥ 종합 하브루타

-이야기를 나눠 보니 어땠니?

-어떤 짝이 나와서 발표해 볼까?

-내일은 함께 만든 질문으로 더 많은 생각을 나누자.

마음에 남는 알콩달콩 하브루타

'과학에서 중요한 문제가 발견을 어떻게 하느냐?'(루트번스타인 교수)라면 '교육에서 중요한 문제는 생각을 어떻게 키울까?'입니다. 질문은 생각을 두드립니다.

아이들이 만든 질문을 보면서 찬반 토론을 계획했습니다.

"산을 무너뜨리면서 길을 꼭 만들어야 할까?"라는 주제로 찬반 의견을 들어 보았습니다. 아이들이 반대하고 찬성하는 이유는 무엇일까요?

선생님: 왜 산을 무너뜨리면서 길을 만들면 안 될까?
아이1: 동물집이 없어지잖아요.
아이2: 아기동물들이 아빠, 엄마를 잃어버려요.
아이3: 동물들의 밥이 없어져요.
아이4: 동물들이 길을 건너다가 차에 치이잖아요.
선생님: 왜 산을 무너뜨리면서 길을 만들어야 할까?
아이5: 길이 없으면 빨리 갈 수가 없잖아요.
아이6: 저는 차를 오래 타면 멀미가 심해요.
아이7: 아빠가 회사에 늦으시면 사장님께 혼나시잖아요.
선생님: 그래, 동물들도 불쌍하지만 이렇게 멀미가 심한 친구들은 어떡하면 좋을까?

그때 한 아이가 말했습니다.

아이8: 동물도 사람도 다닐 수 있는 길을 만들면 되잖아요.
선생님: 그래! 좋은 생각이네, 어떻게 그런 길을 만들 수 있을까? 어떻게 하면 아기곰이 아빠곰을 만날 수 있을까? 집에서 인터넷이나 책을 통해 알아보고

내일 다시 이야기 나누어 보자!

　아이들과 생태 통로에 대해 이야기 나누고 싶었습니다. 똑똑한 은솔반 아이들이 주제를 잘 이끌어 갔습니다. 아이들이 인터넷과 책 등으로 동물도 사람도 다닐 수 있는 길, 아기곰과 아빠곰이 만날 수 있는 길에 대해 알아보기로 했습니다.

　스스로 찾아가며 시행착오를 겪은 지식과 지혜는 잘 잊어버리지 않습니다.

사(思)고치기
넷

유대인처럼
성공의 길을 열어 주는
아이의 정직

01
정직함을 길러 주는
첫 번째 하브루타 HOW

"정직의 별을 반짝여 보자."

교실에서 자유 선택 놀이 시간에 태훈이랑 경진이가 레고놀이를 하고 있었습니다. 갑자기 태훈이가 울기 시작했습니다.

"선생님! 경진이가 저를 때렸어요."

"경진이가? 경진아! 이리 와 봐."

경진이는 고개를 갸우뚱하면서 왔습니다.

"경진아! 태훈이를 때렸니?"

경진이는 아무렇지도 않고 단호하게 이야기했습니다.

"아니요!"

"안 때렸어?"

"네!"

"태훈아! 경진이가 때린 게 맞니?"

"네! 갑자기 레고놀이 하다가 주먹으로 배를 때렸어요."

"경진아! 태훈이는 너한테 맞았다는데. 주먹으로 배를 때리지 않았니?"

"네! 그냥 레고로 놀기만 했어요."

때린 사람은 없는데 맞은 사람은 있는 난감한 상황이었습니다. 주변에 본 친구들이 있냐고 물었는데, 아무도 없었습니다. 교사 1명이 26명의 아이들을 관찰하고 놀이지도를 합니다. 교사 한 명이 모든 아이를 관찰하는 것은 사실상 불가능합니다. 미술 영역에서 아이들이 자리 때문에 다투고 있어서 갈등을 해결하던 중이었습니다.

초임 교사 시절에 놀라웠던 것은 만 3세인 아이도 거짓말을 한다는 것이었습니다.

만 3세 아이들을 데리고 현장 학습을 간 적이 있었습니다. 점심시간이 되어 각자 도시락을 먹는 시간이었습니다. 평소에 밥을 잘 먹지 않던 혜림이가 김밥을 쳐다만 보고 있었습니다.

"혜림아! 김밥 먹어야지. 어머님께서 정성스럽게 싸 주셨구나."

혜림이랑 이야기를 나눈 후 다른 아이들의 식사 지도를 했습니다. 한참 후에 혜림이 도시락을 보니 김밥이 많이 줄어 있었습니다.

"우와! 혜림이가 김밥을 아주 잘 먹는구나. 혜림이 어머님께서 너무 좋아하시겠다."

혜림이는 활짝 웃었습니다. 혜림이가 김밥을 잘 먹어서 기분이 좋았습니다. 식사를 하면서도 혜림이를 한 번씩 보았습니다. 혜림이가 김밥을 잘 먹고 있었습니다. 잠시 후 혜림이가 이리저리 눈치를 보았습니다. 갑자기 먹던 김밥을 바닥에 슬며시 떨어뜨렸습니다. 혜림이의 행동에 깜짝 놀랐습니다. 아래를 보니 많은 김밥이 바닥에 떨어져 있었습니다.

"혜림아! 아래를 보렴. 김밥이 이렇게 많이 떨어져 있네. 왜 그런 거야?"

"먹다가 모르고 그랬어요."

혜림이는 조금 놀란 표정을 짓더니, 곧 아무렇지도 않은 표정으로 거짓말을 했습니다.

혜림이는 엄마의 정성스러운 김밥을 버리는 거짓행동을 했습니다. 그러면서도 칭찬을 받을 때 환하게 웃었습니다. '잘 먹는다고 칭찬했던 내가 바보구나!' 머릿속에서 혜림이의 이해할 수 없는 표정이 한동안 잊히지 않았습니다.

인간 본성에 대한 의견은 크게 성선설과 성악설, 성무선악설이 있습니다. 성선설은 맹자의 사상으로 인간의 본성은 본래 선하다는 것입니다. 성악설은 순자의 사상으로 인간의 성품은 본래 악하다는 것입니다. 성무성악설은 고자의 사상입니다. 인간의 본성은 본래 선도 아니고 악도 아니며 교육하고 수양하기 나름이라는 것입니다.

이중 교육은 성선설을 주장한 코메니우스, 루소, 페스탈로치 등 자연주의에 입각한 아동 중심 교육에 기초를 두고 있습니다. 은물의 창시자 프뢰벨도 성선설을 주장했습니다. 그는 '어린이의 내부에는 장래의 곡식인 종자가 내포되어 있다.'고 믿었습니다.

학부 시절에는 유아들을 천사처럼 착한 아이로 생각했습니다. 그런데 현장에서 아이들을 만나면서 혼란스러웠습니다. 특히 아무렇지도 않게 거짓말하는 모습은 성악설이 분명한 것 같았습니다. 불리하거나 피하고 싶을 때 아이들은 본능적으로 거짓말을 했습니다.

"선생님! 민혁이가 제 블럭 그냥 가져가요."

"민혁아! 은주 블록 가져갔니?"

"네."

"왜?"

"도준이가 은주 블록 가지고 오래요."

"도준아! 네가 민혁이한테 은주 블록 가져오라고 했니?"

"아니요. 전 그런 적 없는데요."

"야, 네가 은주 것 가지고 오라고 했잖아."

"아니야."

도준이는 당당하게 말했습니다.

도준이를 빤히 바라보았습니다. 도준이가 눈빛을 살짝 피했습니다. 친구한테 시킨 것도 잘못인데 시킨 친구 앞에서 당당하게 거짓말을 하고 있었습니다. 시킨 대로 행동한 민혁이는 난감한 표정을 짓고 있었습니다.

"아무래도 정직의 별이 빛을 잃었나 봐."

"선생님이 우리 마음속에는 아름다운 별빛이 엄청 많다고 했지? 진짜 멋진 사람은 마음속 별빛 때문에 어디에서든 빛난다고 했잖아. 정직의 별을 반짝여 보자. 둘 중에 한 명은 거짓말을 하고 있잖아. 누가 정직하게 이야기해 줄 수 있겠니?"

그제야 도준이가 사실대로 말했습니다.

"선생님! 제가 시켰어요."

물론 아이들만 거짓말을 하는 것은 아닙니다. 1995년부터 2014년까지 한국, 중국, 일본, 독일, 미국 5개국의 20대 가치관 조사 결과 한국 20대들의 타인에 대한 보편적인 신뢰도가 32.9%에 불과했습니다. 서로 믿을 수 없는 사회 분위기를 보여 주는 수치입니다. 거짓말이 팽배한 사회가 아이들의 본능적인 거짓말을 자연스럽게 여기고 더욱 부추기는 것은 아닌지 우려스럽습니다.

"진짜야?"

"솔직히 말해 봐?"

한국 사람들의 대화 중 자주 나오는 말입니다.

물론 한국 사람만 거짓말을 하는 것은 아닙니다. 사람이라면 누구나 거짓말을 할 것입니다. 진짜 문제점은 거짓말로 인해 발생한 사건을 바라보는 시각입니다.

"속은 사람이 잘못이다."

한국 사람들이 자주 하는 말 중의 하나입니다. 거짓말을 한 사람보다 거짓말에 속은 사람이 더 잘못한 것으로 생각합니다. 한국 사람들이 거짓말에 대해 얼마나 관대한지 보여 줍니다. 이러한 관대함은 '불리하면, 우선 거짓말을 하고 보자.'라는 생각을 갖게 합니다.

또한 '우선 터트리고 보자. 아니면 말고.'라는 의식은 거짓기사를 무분별하게 만들어 내고 있습니다. 소셜미디어의 발달로 인해 거짓은 순식간에 인터넷을 통해 퍼져 나갑니다. 한순간의 거짓기사로 누군가의 삶이 오해받고 나락으로 떨어질 수 있습니다. 이렇게 빠르고 멀리 퍼져 나간 거짓을 다시 진실로 바꾸기 위해서는 많은 시간과 노력이 요구됩니다.

지금이라도 거짓말에 관대한 우리 사회와 자신을 돌아보아야 합니다.

정직함을 길러 주는 첫 번째 하브루타 HOW
- 거짓말은 언제부터 할까?
- 왜 거짓말을 쉽게 하게 될까?
- 거짓말이 위험한 이유는 무엇일까?

02 정직함을 길러 주는 두 번째 하브루타 HOW

"하얀 거짓말이 진짜 있을까?"

한국 사회에 만연한 거짓말은 '하얀 거짓말'로 포장되기도 합니다. 하얀 거짓말이란 선의로 하는 거짓말입니다. 예를 들어, 친구가 입은 옷이 별로입니다. 그 친구가 기분 나쁠 것을 생각해서 "예쁘다."라고 선으로 거짓을 말하는 것입니다. 그러나 다른 사람의 마음을 배려하는 것을 하얀 거짓말로 생각하는 것은 위험합니다. 얼마든지 예의와 배려, 기지를 발휘해서 진실을 말할 수 있습니다.

'진짜 선의인가?' 정직한 질문을 스스로에게 던져야 합니다. 사실, 질투로 친구의 옷이 별로로 보일 수도 있습니다. '하얀 거짓말'로 자신의 마음을 포장하는 것은 아닌지? 자신의 마음부터 정직하게 들여다보아야 합니다. 거짓말은 그것을 덮기 위해 또 다른 거짓말을 만듭니다.

'하얀 거짓말' 또한 마찬가지입니다. 새롭게 만들어진 거짓말은 하얀 거짓말이 아닐 수 있습니다. 또한 '하얀 거짓말'도 언젠가는 들통이 납니다. 그런 사람에게는 신뢰가 가지 않습니다. 신뢰가 없는 관계는 오래가기가 어렵습니다.

세계 30대 기업 중 유대인의 기업이 12개나 되는 이유 중 하나는 그들의 '신의' 때문입니다. 유대인들은 유대교를 믿습니다. 유대교는 모세5경과 율법을 믿는 종교입니다. 유대인들은 계명을 잘 지키고 행하면 구원에 이른다고 믿습니다. 이것을 하나님과 유대민족이 맺은 계약으로 생각합니다. 언약의 백성으로서 그들은 모든 계약을 소중하게 생각합니다.

유대인의 비즈니스 10계를 통해 그들의 계약과 신용에 대한 생각을 엿볼 수 있습니다.

유대인의 비즈니스 10계

첫째, 계약은 생명처럼 여겨라. 우리 조상은 신과도 계약했다.

둘째, 서명은 신중하게 하라. 운명이 왔다 갔다 한다.

셋째, 막히면 뚫어라. 모든 길은 마음에서 나온다.

넷째, 온 세상이 장사거리이다. 푸른 하늘에 떠 있는 흰 구름도 쥐어 짜면 비가 된다.

다섯째 올바른 장사를 하려면 시장으로 가라.

여섯째 평생 신용을 지켜라. 신용이 없으면 문이 열리지 않는다.

일곱째, 한 우물을 파라. 결국 맑은 물이 용솟음칠 것이다.

여덟째, 정보 수집에 거래의 성패가 좌우된다.

아홉째, 체면과 형식에 사로잡힌 자는 알맹이가 없으니 멀리하라.

열째, 유대인이 세계 경제를 좌우한다고 말하는 이방인은 경계하라. 곧 칼을 들이댄다.

전 세계적으로 유대인들의 비즈니스는 성공적입니다. 유대인들처럼 글로벌 기업을 이끄는 리더가 되기를 원한다면 반드시 정직한 품성을 길러야 합니다.

"정직은 가장 확실한 자본이다."
- 랠프 왈도 에머슨(미국의 사상가이자 시인)

정직하게 말하고 행동할 때 그 사람을 믿을 수 있습니다. 믿을 수 없는 사람은 그 누구도 따르지 않으며 아무리 작은 계약도 하지 않습니다.

정직함을 길러 주는 두 번째 하브루타 HOW

- 하얀 거짓말은 진짜 있을까?
- 왜 유대인들 중 사업에 성공한 사람이 많을까?
- 리더에게 정직함이 있어야 하는 이유는 뭘까?

03
정직함을 길러 주는 세 번째 하브루타 HOW

"쟤가 먼저 그랬는데요."

'정직'은 어떤 의미가 있을까요?

정직: 바를 정(正), 곧을 직(直)

정직이란 마음이 거짓이나 꾸밈이 없이 바르고 곧다는 것을 의미합니다. 정직이란 거짓의 반대입니다. 거짓이란 사실과 어긋난 것 또는 사실이 아닌 것을 사실처럼 꾸민 것을 의미합니다.

『선녀와 나무꾼』에서 나무꾼의 거짓말은 하얀 거짓말, 즉 선의의 거짓말로 많이 비유됩니다.

"사슴이 어디로 갔나요?"

사냥꾼이 나무꾼에게 묻습니다. 사슴을 숨긴 나무꾼은 능청스럽게 거짓말을 합니다.

"사슴이 저쪽으로 뛰어갔습니다."

어떤 사람들은 나무꾼이 거짓말을 하지 않았다면 사슴은 죽었을 거라고 생각합니다.

"사슴이 어디로 갔는지 말해 드릴 수 없습니다."

정직하게 말했어도 사슴이 꼭 죽는 것은 아닙니다. 나무꾼이 사냥꾼에게 거짓말을 한 이유는 무엇일까요?

사냥꾼이 두려워서인지? 거짓말을 습관적으로 해서인지? 그 이유는 독자의 상상입니다.

이어지는 이야기에서도 나무꾼은 선녀의 날개옷을 숨깁니다. 사실이 아닌 것을 사실처럼 꾸미는 거짓된 행동입니다. 결국 거짓을 끝까지 숨기지 못한 나무꾼은 선녀에게 날개옷을 보여 주게 됩니다. 날개옷을 보게 된 선녀는 두 아이와 함께 하늘로 날아갑니다.

나무꾼이 정직한 사람이었다면 어땠을까요? 정직했다면 처음부터 선녀의 옷을 숨기지 못했을 것입니다. 정직은 바르고 곧은 것이며 거짓은 그것과 어긋난 것입니다.

정직과 거짓은 두 선 긋기에 비유될 수 있습니다. 정직은 직선, 거짓은 그것과 조금 어긋난 선입니다. 두 선을 그어 보면 처음에는 차이가 별로 없어 보입니다. 계속해서 두 선을 그어 보면 그 끝은 엄청난 차이가 납니다. 정직과 거짓의 결과를 선명하게 볼 수 있습니다. 정직은 바르고 곧은 길을 갑니다. 거짓은 바르고 곧지 않은 길을 가게 합니다. 원점으로 돌아가기에는 너무 머나먼 길을 가게 합니다.

우리 사회는 '정직하면 손해를 본다.'라는 인식이 있습니다. 적당한 거짓말은 이익을 보기 위해 필요악이라고 생각합니다. 손해를 보고 싶은 사람은 없습니다. 사람들은 자신의 이익을 위해 거짓말을 하게 됩니다. 정직하게 말하면 위험할 경우, 사람은 자신도 모르게 핑곗거리를 찾게 됩니다. 두려움에 휩싸이게 되면 보호 본능에 의해 거짓말도 하게 됩니다.

교실에서 아이들이 놀이를 하다 보면 갈등 상황이 일어납니다. 친구를 때리거나 놀잇감을 뺏고 나쁜 말을 하는 것 등 말입니다. 그때마다 아이들을 불러서 물어봅니다.

"무슨 일이니?"

"왜 그랬니?"

이유를 물었을 때 가장 많이 듣는 말이 있습니다.

"쟤가 먼저 그랬는데요."

누가 먼저 그랬는지, 분별하기 어려울 정도로 남의 핑계를 댑니다. 가끔은 이 문제 상황과 아무 관련 없는 다른 아이가 자신에게 잘못한 이야기를 하기도 합니다. 처벌에 대한 두려움을 극복하고 싶을 때 누구나 본능적으로 거짓말을 하고 싶어집니다.

불리하거나 위험할 때 사람은 불안해지고 뇌의 편도체가 움직이기 시작합니다. 거짓말을 해서라도 안전을 유지하고 싶습니다. 이 본능적인 유혹을 어떻게 이길 수 있을까요?

친구와 갈등 상황이 되었을 때 왜 아이들은 정직하게 이야기하지 않을까요? 왜 핑곗거리를 먼저 찾게 되는 걸까요? 왜 자신이 유리한 이야기만 하는 걸까요? 정직하게 이야기하면 불리하고 혼날 거라는 생각 때문입니다.

정직하게 이야기할 때 문제가 해결되고 관계가 회복되는 것을 경험해야 합니다.

"누가 잘못했어?" 잘못한 사람에 대한 처벌보다 "무슨 일이니?", "너라면 어떻겠니?", "왜 그랬니?", "어떻게 하면 좋을까?" 등 관계 회복에 초점을 두고 대화를 나누어야 합니다.

입학 후 3월 한 달, 아이들이 계속해서 친구를 일렀습니다.

"얘들아! 선생님한테 친구의 잘못을 말하기 전에, 친구에게 먼저 물어보렴."

"선생님이 한 달 동안 관찰해 보니까. 대부분이 너희들끼리 이야기를 나눠도 괜찮은 문제가 많아. 너희들끼리 이야기해도 안 될 때 선생님한테 오렴."

"친구가 잘못하면 선생님한테 이르기 전에 '왜 그랬어?' 하고 먼저 물어보자."

"친구도 그렇게 행동한 이유가 있단다."

"친구야! 왜 그랬어?"는 마법 같은 문장입니다. 이 말을 하고 난 다음부터 친구를 이르는 횟수가 반 이상 줄었습니다.

아이가 누군가가 잘못했다고 말하면 당사자들을 불러서 대화법을 알려 주기도 했습니다.

"왜 그랬는지, 동혁이한테 물어보렴."

"친구한테 마음이 어땠는지 물어보렴."

먼저 갈등을 해결해 주기보다 아이들끼리 해결할 수 있도록 도와주었습니다. 점차 아이들이 스스로 갈등을 해결하며 사이좋게 놀이하는 방법을 터득해 갔습니다.

스스로 해결되지 않을 때는 다음과 같은 하브루타로 도와주었습니다.

"선생님! 윤호랑 경진이가 저를 넘어뜨렸어요."

"윤호랑 경진아! 너희가 수호를 넘어뜨렸니?"

"네."

"수호야! 윤호랑 경진이가 너를 넘어뜨려서 기분이 어떠니?"

"싫어요."

"만약 네가 수호라면 어떤 마음이 들겠니?"

"기분 나빠요."

"왜 그랬니?"

"이유가 있니?"

"같이 싸움 놀이를 했어요."

"그랬구나. 수호야, 같이 싸움 놀이를 했니?"

"네."

"싸움 놀이를 하다가 수호가 다칠 뻔했구나."

"놀이터에서 싸움 놀이를 하도록 되어 있니?"

"아니요."

"다음부터는 어떻게 해야 할까?"

"싸움 놀이 안 해요."

"수호가 너희 둘이 넘어뜨려서 기분이 나쁜데, 뭐라고 말해 줘야 할까?"

"수호야! 미안해."

"더 하고 싶은 말이 있니?"

"아니요."

"용기 있는 사람이 먼저 친구를 안아 줄까?"

아이들은 언제 싸웠냐는 듯이 씩 웃으며 서로를 안아 주었습니다. 하브루타로 정직하게 나눌 때 갈등이 해결되고 관계가 회복되는 것을 경험할 수 있습니다.

> **정직함을 길러 주는 세 번째 하브루타 HOW**
>
> -정직과 거짓의 차이점은 무엇일까?
> -『선녀와 나무꾼』 이야기에서 나무꾼은 하얀 거짓말을 한 것일까?
> -거짓말을 하는 이유는 무엇일까?
> -정직한 품성을 길러 주는 갈등 해결 방법은 무엇일까?
> *갈등 및 문제 상황일 때 관계를 회복시키는 하브루타
> ⋯▶ 내용 질문: "무슨 일이니?"(문제 인식)
> ⋯▶ 심화 질문: "어떤 마음일까?", "만약 나라면~."(감정 인식),
>   "왜 그랬을까?"(생각 인식)

⋯▶ 적용 질문: "어떻게 해야 할까?"(문제 해결)
⋯▶ 종합 질문: "더 하고 싶은 이야기가 있니?", "누가 먼저 악수 또는 안아 줄까?"(마무리)

04
정직함을 길러 주는
네 번째 하브루타 HOW

『검피 아저씨의 드라이브』
글·그림 존 버닝햄, 시공주니어

검피 아저씨가 염소, 닭, 고양이, 송아지, 토끼와 개, 남자 아이, 여자 아이와 드라이브를 떠납니다. 처음에는 날씨가 좋았습니다. 갑자기 먹구름이 다가오더니 비가 내립니다. 길이 질퍽거리자 바퀴가 헛돌아 차가 멈춥니다. 누군가 내려서 차를 밀어주어야 합니다. 그러나 모두들 못한다고 변명만 늘어놓습니다. 차가 점점 진흙탕 속으로 들어갑니다. 모두 함께 내려 자동차를 밀어냈습니다. 날이 다시 좋아지고 집 근처에서 함께 즐거운 물놀이를 합니다.

"선생님도 거짓말한 적 있으세요?"

교통기관 주제도 『검피 아저씨의 드라이브』 그림책으로 놀이 하브루타 수업을 했습니다.

그림책을 감상한 후 질문 만들기를 했습니다.

검피 아저씨의 드라이브로 아이들이 만든 질문
- 왜 자동차를 탔어요?
- 왜 드라이브를 갔어요?
- 왜 아저씨가 다 태워 줬어요?
- 왜 송아지는 어려서 못한다고 했어요?
- 돼지는 발에 가시가 박혔는데, 어떻게 차를 밀었어요?
- 왜 다 같이 차를 밀었어요?
- 왜 수영을 했어요?
- 어떻게 동물들이 말을 해요?

아이들이 만든 질문을 보면서 '오늘은 질문이 별론데….'라고 속으로 생각했습니다. 최고의 질문으로 아이들은 '돼지는 발에 가시가 박혔는데, 어떻게 차를 밀었어요?'를 선택했습니다. 속으로 '의외인데, 왜 이 질문을 뽑았을까?' 궁금했습니다.

"돼지는 발에 가시가 박혔는데, 어떻게 차를 밀었을까?"

"돼지는 가시가 발에 없었는데, 거짓말을 한 거예요."

한 아이가 말했습니다.

다른 아이들도 생각을 말했습니다.

"발에 가시를 빼고 민 거야."

"진흙탕에 들어갔다가 가시가 빠진 거야."

생각을 나누면서 '돼지 발에 가시가 박혔다.'라는 조건이 있는 비판적 질문이란 사실을 알게 되었습니다.

퇴근길에 아이들과의 하브루타가 계속 떠올랐습니다.

'돼지의 발에는 가시가 있었을까? 없었을까?'

'만약 가시가 발에 있다는 것이 거짓말이라면, 왜 돼지는 거짓말을 했을까?'

'거짓말'에 대해 깊이 생각하게 되었습니다.

'오늘 질문 별론데….'라고 생각했던 판단착오를 반성했습니다.

'내일은 어떤 질문으로 거짓말에 대한 속 깊은 이야기를 나눌까?' 가슴이 두근거렸습니다.

고민을 하다가 3가지 질문을 만들었습니다.

① 만약 돼지가 거짓말을 했다면, 왜 그랬을까?

② 거짓말은 해 본 적 있니?

③ 거짓말을 하면 어떻게 될까?

처음 『검피 아저씨의 드라이브』를 하브루타 수업으로 선택했을 때 '거짓말'에 대한 생각을 나누게 될 줄은 상상도 하지 못했습니다. 아이들과 철학적인 이야기를 나누게 되다니! 하브루타는 할수록 놀라웠습니다.

"만약 돼지가 거짓말을 했다면 왜 그랬을까?"

저마다의 생각을 다양하게 이야기했습니다.

"자동차 밀기가 싫었겠죠."

"자동차 미는 게 힘들잖아요."

"귀찮았나 봐요."

"너희도 거짓말을 해 본 적이 있니? 누가 용기 있게 이야기해 볼까?"

"선생님! 저요! 제 신발이 안 큰데, 크다고 거짓말했어요. 새 신발 사고 싶어서요."

"그래, 새 신발이 갖고 싶었구나. 또 다른 친구 있니?"

"저는 늘이터에서 반지를 주웠어요. 근데, 엄마한테 혼날까 봐 어떤 언니가 줬다고 했어요."

"엄마한테 혼날까 봐 두려웠구나. 그래, 누구나 거짓말을 해 본 적이 있을 거야."

"너희들은 어떨 때 거짓말을 하니?"

"친구 때렸을 때요. 안 때렸다고 거짓말했어요. 친구 때리면 혼나잖아요."

"부러워서요. 친구 장난감이 좋아 보였어요. 우리 집에 없는데 있다고 했어요."

"창피할까 봐요. 친구들은 다 있는데 나만 없다고 하면 부끄럽잖아요."

"피노키오처럼 코가 길어지면 재미있을 것 같아서요."

거짓말을 하는 이유에 대해 하브루타하다가 놀랐습니다. 아이들이 거짓말을 하는 이유가 어른들이 거짓말하는 이유와 비슷했기 때문입니다. 어른들도 잘못이나 창피함을 덮기 위해 거짓말을 합니다. 허영을 부리기 위해 상황을 뻥튀기하며 거짓말할 때가 있습니다.

'어른과 아이의 생각 차이는 어디에 있을까?'

하브루타하다가 문득 이런 생각이 들었습니다. 그때 한 아이가 저를 빤히 쳐다보며 물었습니다.

"선생님도 거짓말한 적 있으세요?"

갑작스러운 질문에 조금 당황했습니다.

'아! 하브루타하길 정말 잘했다.'

아이들이 먼저 질문할 때 이런 생각이 듭니다. 생각을 묻는다는 것은 그 사람에 대한 관심이기 때문입니다. 필자도 아이들에게 관심을 받고 있었습니다.

"음, 언제였더라."

찬찬히 거짓말했던 경험을 떠올렸습니다. 아이들처럼 솔직하게 이야기하고 싶었습니다.

"사실, 친구가 저번 토요일에 만나자고 했단다. 근데, 선생님이 너무 피곤한 거야. 그래서 약속이 있다고 거짓말했어. 선생님! 참 나쁘지?"

한 아이가 토닥여 줍니다.

"아니에요. 선생님, 피곤하시면 그냥 자세요."

"그래, 친구 전화 안 받고 잠잘 걸 그랬구나."

"친구가 선생님이 거짓말한 걸 알게 되면 어떨까?"

"기분 나빠요."

"'만약 친구가 누구랑 약속 있는데?'라고 물으면 선생님은 어떻게 말하게 될까?"

"다른 친구 이름?"

"그래, 선생님은 거짓말을 지키기 위해 또 다른 거짓말을 하게 될 거야."

"계속 거짓말을 하면 선생님은 어떤 사람이 될까?"

"나쁜 사람이요."

"계속 그러면 친구가 안 믿어 줘요."

"친구가 친구 안 한다고 해요."

"그래, 너무 잘 알고 있구나. 너희 양치기 소년 이야기 알고 있니?"

"네."

"양치기 소년이 늑대가 없는데, '늑대가 나타났다.' 하며 계속 장난을 쳤잖아. 몇 번은 사람들이 도와주려고 달려갔어. 근데, 자꾸 거짓말을 하니까 어떻게 되었니?"

"안 믿어 줬어요."

"그래, 진짜 늑대가 나타났을 때 어떻게 되었니?"

"아무도 안 왔어요."

"그래, 작은 거짓말이 모여서 커다란 거짓말이 된단다. 결국 아무도 그 사람을 믿어 주지 않게 돼. 선생님도 친구한테 거짓말한 거 잘못했구나. 다음부터는 솔직하게 이야기해야겠다."

'거짓말'에 대한 솔직한 하브루타로 정직의 가치에 대해 생각해 보는 소중한 시간이었습니다.

정직함을 길러 주는 네 번째 하브루타 HOW

-거짓말한 경험이 있는가?
-거짓말을 계속하면 어떻게 될까?
-그림책 하브루타로 어떻게 정직한 품성을 길러 줄 수 있을까?

05 정직함을 길러 주는 그림책 하브루타 HOW

「거짓말」
글 카트린 그리브, 그림 프레데리크 베르트랑, 옮김 권지현, 씨드북

주인공은 어느 평범하고 조용한 날 거짓말을 합니다. 그 뒤로 거짓말은 빨간 점이 되어 주인공을 따라 다닙니다. 빨간 점은 어느 순간부터 많아지고 커다란 풍선처럼 되었습니다. 빨간 풍선을 없애고 싶어도 안 됩니다.
주인공은 용기를 내서 빨간 풍선을 터트립니다. 거짓말이 순식간에 "뻥!" 터집니다.

표현 중심 놀이 하브루타

① **도입 하브루타**

표지를 보면서 이야기 나누세요.

-빨간 동그라미는 무엇일까?

-아이의 표정이 어떠니?

-이런 표정을 지어 본 적이 있니?

② **그림책 감상**

그림책을 도란도란 읽어 주세요.

③ **내용·심화·적용 하브루타**

질문 후 장면을 찾아보며 생각을 나누세요.

-무슨 질문을 했을까?

-왜 거짓말을 했을까?

-왜 거짓말이 계속 따라다닐까?

-왜 동그라미를 터트리지 않았을 때는 기분이 나쁘고 터트렸을 때는 기분이 좋을까?

④ **짝 하브루타**

※교실에서 짝이랑 하는 짝 하브루타

-빨간 동그라미는 어떻게 되었니?

-동그라미를 터트렸을 때 기분이 어땠을까?

-오늘의 기본 문장을 알려 줄게.

"동그라미를 터트렸을 때는 기분이 ○○했어. 왜냐하면~."

⋯▶ 짝을 보세요.

⋯▶ 네네, 선생님!

⋯▶ 하브루타하세요.

⋯▶ 네네, 선생님!

-짝이랑 이야기 나눈다.

※가정에서 엄마 또는 아빠랑 하는 짝 하브루타

-빨간 동그라미는 어떻게 되었니?

-동그라미를 터트렸을 때 기분이 어땠을까?

-왜 그런 기분이 들었을까?

⑤ 표현 하브루타

-거짓말을 한 적이 있니?

-누구한테 거짓말을 했니?

-여기 거짓말 풍선이 있단다.

-풍선 모양 종이에 '내가 거짓말했던 사람'을 그려 본다.

-거짓말 풍선 만들기

⋯▸ 준비물: 종이, 풍선 모양 종이

⋯▸ 종이에 '내가 거짓말했던 사람' 또는 거짓말을 적는다.(유아들은 적어 준다.)

-왜 그런 거짓말을 했니?

-거짓말 풍선을 어떻게 하면 좋을까?

⑥ 종합 하브루타

-누구나 거짓말을 해 봤을 거야. 거짓말을 하고 싶을 때는 어떻게 하면 좋을까?

질문 중심 놀이 하브루타

① 도입 하브루타

표지를 보면서 이야기 나누세요.

(제목을 가리고)

-왜 아이가 동그라미 속에 있을까?

-아이의 옷에도 동그라미가 있네?

-왜 동그라미는 빨간색일까?

-왜 동그라미 모양이 다 다를까?

-그림책 속으로 들어갈까?

-재미있는 질문을 만들어 보자.

② 그림책 감상

그림책을 도란도란 읽어 주세요.

③ 내용 하브루타

내용 질문 후 장면을 찾아보며 이야기 나누어 보세요.

-이야기를 잘 들었니?

-언제 거짓말이 툭 튀어나왔니?

-자고 일어났는데 거짓말이 어떻게 되었니?

-거짓말을 어떻게 하고 싶었니?

-용기를 내서 거짓말을 어떻게 했니?

-터트렸던 거짓말은 어떻게 되었니?

④ 질문 하브루타

장면을 다시 보여 주거나 궁금한 장면이 있으면 멈춰서 질문 시간을 주세요.

-거짓말에 대한 이야기를 잘 들어 보았니?

-이야기를 듣고 그림을 보니 무엇이 궁금하니?

✽아이랑 도란도란 만든 질문을 적어 보세요.

✽질문 중에 가장 이야기 나누고 싶은 질문을 선택해서 적어 보세요.

⑤ 짝 하브루타

✽최고의 질문으로 기본 문장을 만들어서 적어 보세요.

＊최고의 질문으로 짝이랑 생각을 나눠 주세요.

『거짓말 그림책』으로 아이들이 만든 질문

-왜 엄마, 아빠는 듣기만 하고 쳐다보지 않아요?

-아빠는 무엇을 드시고 계세요?

-누가 거짓말을 했을까요?

-왜 거짓말을 했을까요?

-어떻게 빨간 동그라미가 나타났어요?

-왜 거짓말이 동그라미처럼 생겼어요?

-왜 방이 빨간 동그라미로 가득했어요?

-왜 거짓말이 따라 다녀요?

-어떻게 거짓말이 천장에 매달렸어요?

-왜 물색이 갈색이에요?

-진실을 말하면 되는데 왜 거짓말을 숨겼어요?

-왜 거짓말을 터트렸어요?

-어떻게 거짓말을 터트렸어요?

-왜 거짓말이 풍선처럼 터졌어요?

-왜 터트릴 때 엉덩이 모양이 돼요?

-왜 동그라미를 터트리지 않았을 때는 기분이 나쁘고 터트렸을 때는 기분이 좋았어요?

-마지막에 친구가 먹은 음식은 뭐예요?

-이 책은 누가 만들었어요?

아이들이 뽑은 최고의 질문

-왜 동그라미를 터트리지 않았을 때는 기분이 나쁘고 터트렸을 때는 기분이 좋았어요?

최고의 질문으로 생각 나누기

-동그라미를 터트렸을 때는 기분이 좋았어. 왜냐하면~

-동그라미를 터트리지 않았을 때는 기분이 나빴어. 왜냐하면~

⑥ 종합 하브루타

-이야기를 나눠 보니 어땠니?

-어떤 짝이 나와서 발표해 볼까?

-내일은 함께 만든 질문으로 더 많은 생각을 나누자.

마음에 남는 알콩달콩 하브루타

선생님: 거짓말을 한 적이 있니?
아이1: 형아한테 공룡 레고 있는데 없다고 했어요.
아이2: 동생한테 가짜 꽃 줬는데 아빠한테 안 줬다고 했어요.
아이3: 아빠가 친구한테 카드 주라고 했는데 안 줬어요.
아이4: 친구한테 장난감 없는데 있다고 했어요.
아이5: 누나한테 비행기 안 날아 갔는데 날아 갔다고 했어요.
아이6: 친구 때렸는데 안 때렸다고 했어요.
아이7: 엄마하고 액체괴물 안 하기로 했는데 몰래 했어요.
선생님: 다른 사람이 나한테 거짓말을 한 적이 있니?
아이1: 형아가 닭 꼬치 사 준다고 했는데 안 사줬어요.
아이2: 누나가 아이스크림 사 준다고 해 놓고 안 사 줬어요.
아이3: 누나가 놀아 준다고 했는데 안 놀아 줬어요
아이4: 친구가 도서관에서 똑같은 책을 고른다고 했는데, 다른 거 골랐어요.
아이5: 엄마가 밤에 집에서 게임한다고 했는데 안 했어요.
아이6: 친구가 게임 시켜 준다고 했는데 안 시켜 줬어요.
아이7: 엄마가 내가 잘못 한 것 아빠한테 말한다고 해 놓고 안 했어요.

아이들과 거짓말과 관련된 경험에 대해 이야기를 나누었습니다.

아이들은 자신이 한 거짓말은 진실을 숨긴 일을 거짓말로 생각했습니다. 그런데 다른 사람이 한 거짓말은 대부분 약속을 지키지 않은 것을 거짓말이라고 생각했습니다. 작은 약속이라도 지키지 않을 때 아이들은 거짓말을 한 것으로 생각합니다. 거짓말을 자꾸 하는 사람은 믿고 신뢰할 수가 없습니다. 아이와 하는 약속은 아무리 작은 것이어도 신중하게 하고 꼭 지켜야겠습니다.

사(思)고치기
다섯

넬슨 만델라에게
배우는
아이의 순서

01 용서를 배우는 첫 번째 하브루타 HOW

"왜 가젤은 사자를 구해 줬어요?"

요즘은 우리나라 영화 산업이 발전해서 영화관에서 우리 영화를 많이 볼 수 있습니다. 그러나 1990년대까지는 중국 영화, 특히 무협 영화가 많이 상영되었습니다. 무협 영화에서 '복수'는 이야기를 전개하기 위한 중요한 모티브입니다. 주인공은 가족 또는 스승의 복수를 하기 위해 극한 수련을 이겨 내며 무술을 연마합니다. 그리고 복수합니다.

복수는 누군가로부터 받은 물리적 정신적 상처로부터 시작합니다. 복수는 상처를 준 사람에게 똑같은 상처 또는 그보다 더한 상처를 돌려주는 것입니다.

복수의 결말은 과연 무엇일까요? 복수는 받은 상처는 방치된 채 또 다른 상처를 계속 만들어 냅니다. 또 다른 복수를 낳는 경우가 많습니다.

계속되는 복수는 대를 이어 불행한 삶을 살아가게 합니다. 불행은 마음으로부터 시작하기 때문입니다. 내가 받은 상처를 계속 묵상하며 누군가를 미워하고 괴롭히려는 마음, 그 자체가 불행입니다. 복수를 끊기 위해서는 무엇을 해야 할까요?

교실에서 『사자가 작아졌어!』라는 그림책으로 놀이 하브루타 수업을 했습니다.

『사자가 작아졌어!』
글·그림 정성훈, 비룡소

어느 날 갑자기 사자가 작아졌습니다. 작아진 사자는 물에 빠졌습니다. 지나가던 가젤이 사자를 보고 구해 줍니다. 그런데 가젤이 사자를 보니, 어제 가젤의 엄마를 잡아먹은 사자였습니다. 가젤은 사자에게 "왜 우리 엄마를 잡아먹었어?"라며 원망합니다. 사자는 그냥 배가 고파서 먹었을 뿐이라며 가젤을 위로해 주려 합니다. 꽃을 주고 노래도 불러 줍니다. 가젤의 뿔을 꾸며 주며 털을 빗어 줍니다. 가젤은 "다 필요 없어. 우리 엄마를 돌려줘."라고 하며 슬픔에 울부짖습니다. 사자는 힘없이 "그럼 날 잡아먹어."라고 합니다. 가젤은 "그렇게 할 수 없어."라고 합니다. 사자는 진심을 담아 미안하다고 사과합니다. 다시 사자가 커집니다.

한 아이가 다음과 같은 질문을 만들었습니다.

"왜 가젤은 사자를 구해 줬어요?"

저마다 자신의 생각을 이야기했습니다.

"인형인 줄 알고 구해 준 거야."

"아기사자로 알고 구해 준 거지."

"물에 빠진 사자가 불쌍해서야."

그때 한 아이가 이렇게 이야기했습니다.

"가젤은 작아진 사자를 잡아먹으려고 잡은 거야. 사자가 가젤의 엄마를 잡아먹었잖아. 사자의 아기도 가젤처럼 슬퍼야지."

'내가 당한 만큼 너도 당해야 한다.'

복수에 관한 이야기였습니다. 그 아이는 평소에도 친구가 잘못을 하면 반드시 사과를 받아야 하는 아이였습니다. 친구가 자신이 만든 것을 실수로 무너뜨리면 똑같이 친구의 것을 망가뜨렸습니다. 실수라도 친구가 사과하지 않으면 분해서 울며 씩씩거렸습니다. 마음속에 '왜 복수의 마음이 강하게 있을까요?' 이유는 정확히 알지 못합니다.

하브루타로 누군가의 실수나 잘못에 대응하는 아이의 사고 과정을 투명하게 볼 수 있었습니다. 어른이라면 그런 생각을 해도 아마 표현하지 않을 것입니다. 아이들은 신뢰 관계가 형성되면 솔직한 마음과 생각을 표현합니다. 가끔 아이들의 이야기에 놀라면서도 한편으로 고맙습니다. 솔직한 이야기를 통해 '어떠한 가치관이 형성되었는지?' 알게 됩니다.

아이들은 교실에서 친구들과의 갈등 속에서 지냅니다. 앞으로도 수많은 사람과의 갈등 속에서 상처를 주고받으며 살아갈 것입니다. 상처 속에는 누군가의 잘못이 있을 때가 많습니다. 그것은 나의 잘못 또는 다른 사람의 잘못입니다.

어느 날 화장실에서 아이들이 점심을 먹은 후 양치를 하고 있었습니다.

"선생님! 태영이가 저번에 있었던 일을 또 이야기해요."

"무슨 이야기?"

"저번에 제가 태영이 엎어치기한 거 있잖아요."

"어! 그래, 선생님도 생각이 나는구나. 그때 같이 놀이하다가 그런 일이 있었지. 네가 사과했잖아?"

"네. 제가 미안하다고 사과했어요. 그런데 그 일을 또 이야기해요."

그 일은 필자도 뚜렷하게 기억나는 일로 5개월 전쯤 있었던 일입니다. 분명히 사건에 대해 함께 이야기 나누고 진심으로 사과도 했습니다. 태영이가 "괜찮다."라는 말도 했습니다. 그런데 아이의 마음속에는 용서하지 못한 감정의 찌꺼기가 있었나 봅니다. 상처로 인한 감정의 찌꺼기들은 그냥 사라지기가 어렵습니다. 언제 어디서 누구에게 그 감정들이 어떤 형태로 나올지 아무도 예측할 수 없습니다.

인간이라면 누구나 잘못과 실수를 한다고 인정해야 합니다. 내가 누군가를 용서하지 못한다면 나 또한 누군가에게 용서받을 수 없습니다. 함께 살아가는 세상에서는 누군가를 용서하고 누군가에게 용서받으며 살아가야 합니다.

"용서하는 것이 용서받는 것보다 낫다. 우리는 끊임없이 용서해야 한다.

그럼으로써 우리 자신도 누군가로부터 또는 신으로부터 용서받을 수가 있는 것이다."

-버트런드 러셀(영국의 철학자, 사회평론가)

용서를 배우는 첫 번째 하브루타 HOW

-왜 복수할까?

-복수를 끊으려면 어떻게 해야 할까?

-끊임없이 용서해야 하는 이유는 무엇일까?

02
용서를 배우는
두 번째 하브루타 HOW

"조스바맛 사탕 하나만 주면 용서할 수 있어요."

어떻게 용서의 삶을 살 수 있을까요? 용서는 쉽지 않습니다. 용서의 가치를 모른다면 용서의 삶을 살기 어렵습니다. 자신에게 고통을 준 사람, 자신의 목숨을 빼앗으려고 한 사람을 어떻게 쉽게 용서할 수 있겠습니까?

용서는 사랑만큼 어려운 일입니다. 진심으로 용서한 사람을 많은 사람이 존경하며 리더로 따르는 이유입니다. 용서할 수 있는 사람은 자신의 적이었던 사람을 자신의 편으로 만들 수 있습니다.

넬슨 만델라는 남아프리카공화국 최초의 자유총선거로 당선된 최초의 흑인 대통령입니다. 그는 흑인인권운동가로 비폭력투쟁을 했습니다. 그로 인해 무려 27년 동안 로벤섬 감옥에서 보냈습니다. 구금과 가택 연금을 포함하면 반평생 자유를 구속당하여 갇혀 지냈습니다. 그는 감옥에서도 남아공 정부의 '인종 차별 정책'의 부당함을 전 세계에 알렸습니다. 유엔 가입 국가들이 그의 편에 서 주었으며 거센 저항이 계속되자 '인종 차별 정책'이 폐지되었습니다.

만델라는 석방되었으며 1994년 민주적 선거로 대통령에 당선되었습니다. 만델라가 대통령이 되었을 때 많은 백인은 그의 보복을 두려워했습니다. 만델라는 정의를 위해 싸웠을 뿐인데, 그들은 만델라의 자유를 빼앗고 고통의 시간을 보내게 했기 때문입니다.

그들의 예상과 달리 만델라는 보복하지 않았습니다. 그가 대통령이 되고 나서 가장 먼저 한 일은 '진실과 화해 위원회'의 구성이었습니다. 위원회를 통해 과거의 인권 침해 범죄의 진실을 밝히고 그들을 사면했습니다. 그는 화해와 용서를 통해 남아프리카공화국의 분열을 막고 화합의 길을 열었습니다.

'용서(容恕)'는 어떤 의미가 있을까요?

용서란 지은 죄나 잘못한 일에 대하여 꾸짖거나 벌하지 아니하고 덮어 주는 것입니다.

아침에 서은이가 가방 정리를 하면서 이야기했습니다.

"선생님, 학교 오는 길에 오빠가 신발주머니를 저한테 던졌어요."

"그래, 속상했겠다. 오빠가 왜 그랬을까?"

"몰라요. 오늘 길에 이삿짐 나르는 큰 사다리차가 있어서 무서웠어요. 그래서 뛰었는데 그래요."

"오빠가 네가 먼저 막 달리니까 걱정 돼서 그런 것 같은데?"

"아닐 거예요. 선생님! 전 오빠가 집 나갔으면 좋겠어요."

"왜?"

놀라서 물었습니다.

"오빠도 저번에 밥 먹다가 제가 없어졌으면 좋겠대요."

"'없어졌으면 좋겠다니!' 정말 속상했겠다. 진짜 마음이 아닐 거야. 어쩌면 좋니? 하나밖에 없는 오빠인데…."

"서로 '미안해.' 허야 되겠죠?"

서은이가 정답을 알고 있다는 듯이 빤히 쳐다보며 이야기했습니다.

"어떻게 하면 오빠가 너에게 나쁜 말 한 것을 용서할 수 있을까?"

"오빠가 조스바맛 사탕 하나만 주면 용서할 수 있어요."

눈을 똥그랗게 뜨면서 이야기했습니다.

"정말? 정말로 그 사탕 하나면 오빠를 용서할 수 있어?"

고개를 끄덕끄덕 했습니다.

"네, 이모가 조스바맛 사탕을 사 줬는데, 저는 안 줘요."

'조스바맛 사탕 하나!' 정말 사탕 하나로 마음의 상처가 치유되고 용서되면 얼마나 좋을까요?

작은 상처는 조스바맛 사탕 하나로 용서될 수도 있습니다. 그러나 상처를 계속 건드리고 치유하지 않으면 곪게 됩니다. 상처는 곪으면 심한 염증을 일으킵니다. 그때는 조스바맛 사탕 하나로 용서되기가 어렵습니다.

2017년에 『하브르타 질문놀이터』라는 책을 인생에서 처음으로 출간했습니다. 필자는 평범한 교사였는데 책을 출간하게 되다니, 처음에는 믿기지 않았습니다. 책을 출간하면서 '왜 이 책을 쓰게 되었을까?', '이제 무엇을 해야 할까?' 두근거리는 마음과 함께 스스로에게 이런저런 질문을 던졌습니다. 결론은 '교실과 가정에서 실천하는 유아 하브루타'였습니다.

그동안 가정과 연계한 하브루타는 별로 실천하지 못했습니다.

'아! 이제는 가정과 연계해서 하브루타 교육을 해야겠구나!'

가정과 연계된 하브루타 교육을 위해서는 체계적인 학부모 연수가 필요했습니다. 도서관 등에서 하브루타 부모 교육 강의도 해 보았습니다. 마음만 먹으면 할 수 있는 일이었습니다. 그런데 우리 반 학부모를 대상으로 연수를 한다고 생각하니 갑자기 두려움이 몰려왔습니다.

'학부모들이 과연 함께해 줄까?'

현장에 있으면서 좋은 학부모님을 많이 만납니다. 하지만 소수의 학부모님께 받는 상처는 너무나 크게 다가옵니다. 예전에 겪었던 학부모님과의 좋지 않은 기억들이 스멀스멀 올라왔습니다.

입학식 날, 아이가 밥만 먹고 왔다면서 교무실로 찾아와서 소리 지른 일. 아이의 문제 행동을 솔직히 이야기했는데 다음 날 기분 나쁘다며 당장 기관을 옮긴 일. 밤늦게 아이의 장난감 목걸이를 잘 챙기라고 명령하는 문자를 받았던 일 등.

교사로서 자존감이 무너졌던 일들이 주마등처럼 스쳐 지나가자 두려움이 몰려왔습니다.

'학부모 연수를 진행한다고 해서 상을 받는 것도, 월급을 더 받는 것도 아

ын데, 꼭 해야 할까?'

내면에서 복잡한 소리들이 들려왔습니다. 교육은 가정과 기관이 함께 갈 때 진정한 효과가 있습니다. 가정과 기관이 서로 협력하지 않고 신뢰하지 못하는 교육은 아이를 온전히 성장시킬 수 없습니다.

학부모들을 용서하지 못한 마음은 상처로 고스란히 남아 있었습니다. 그 상처는 스치기만 해도 그때의 기억을 떠올렸습니다. 내면의 상처들을 들여다보고 용서하기 위해 내적치유수양회에 갔습니다. 그곳에서 신규 시절부터 상처받은 마음을 돌이켜보았습니다. 상처받은 내면의 아이는 그 자리에서 아직까지 울고 있었습니다. '괜찮아.' 토닥토닥 위로해 주었습니다.

이제 상처를 위로하고 학부모의 입장에서 생각해 보았습니다. 신규 시절에는 학부모들의 마음을 이해하기가 어려웠습니다.

'다 귀한 자식인데, 어쩜 자기 아이만 봐 달라고 할까?'

'자기 자식에게 조금만 손해가 와도 왜 참지 못할까?'

아이를 낳고 학교에 보내 보니, 그 심정이 조금은 이해가 되었습니다.

'혹시나 아이가 선생님께 관심 받지 못하면 어떡하나?'

'아이가 문제 행동 때문에 어울리지 못하면 어떡하나?'

'잘 키우고 있는 건가?'

부모는 항상 걱정입니다. 아이가 교실에서 조금만 힘들어해도, 교사가 아이가 조금이라도 이상하다고 하면 그 불안감이 극대화됩니다.

"우리 아이는 왜 그럴까?"

"우리 아이는 왜 못할까?"

학부모 상담을 하면서 자녀를 긍정적으로 바라보는 분을 만나기가 어려웠습니다. 아이의 좋은 점은 당연한 것이고 나쁜 점과 부족한 부분에 집중하며 걱정을 많이 했습니다.

상담을 하다가 예민하고 까칠한 아이에 대한 이야기를 나눈 적이 있었습니다.

"선생님, 저는 민수가 예민하고 까칠한 게 너무 싫어요. 그냥 넘어갈 것도 예민하게 구니까, 친구들하고 자꾸 싸워요."

"민수의 그런 부분이 많이 걱정되시는군요. 저도 예전에는 예민하고 까칠한 아이가 힘들다는 생각을 많이 했어요. 그런데 예민하고 까칠한 것이 나쁜 것만은 아니에요. 관찰력이 뛰어나고 만들기 등에서 꼼꼼하잖아요. 민수에게 좋은 점, 장점이 더 많이 있어요."

어머님은 갑자기 눈물을 흘리며 말씀하셨습니다.

"선생님, 감사합니다. 예전부터 선생님들께 예민하고 까칠해서 힘들다는 이야기만 많이 들었어요. 그래서 그게 너무 싫었어요."

이제 부모님들 내면에 있는 두려움을 이해하고 용서하길 원합니다. 상처를 준 손에서부터 상처받았던 나의 손을 놓습니다. 용서는 상대방의 사과가 없이도 할 수 있습니다. 용서는 누군가를 미워하고 원망하는 부정적인 마음으로부터 자유하게 합니다. 참자유 안에서 관계를 새롭게 합니다. 용서는 상대방이 아니라 나를 위한 것입니다.

용서한다는 것은

한 사람을 감옥에서 풀어 주는 것
그리고 그 사람이
자기 자신이었다는 사실을
알게 되는 것입니다.
-루이스 스메데스

용서를 배우는 두 번째 하브루타 HOW

-용서란 무엇인가?
-넬슨 만델라의 리더십은?
-치유하지 않은 상처는 어떻게 될까?
-용서의 진정한 가치는 무엇일까?

03
용서를 배우는
세 번째 하브루타 HOW

"친구가 용서해 주지 않으면 기분이 어떨까?"

용서란 그 사건을 잊거나 없었던 일로 하는 것이 아닙니다. 용서하기로 결심해도 미움과 원망의 감정이 한 번에 사라지기는 어렵습니다. 용서는 마음의 결단으로 의지입니다. 용서는 나도 너도 잘못할 수 있다는 사실을 인정하면서 시작됩니다.

『사자가 작아졌어!』 그림책을 통해 '용서'의 가치를 나누고 싶었습니다.

"사자처럼 잘못한 적이 있니?"

아이들은 누구에게 어떤 잘못을 했다고 생각할까요?

아이들이 각자 잘못했다고 말한 사람의 얼굴을 그린 후에 그 이유를 들고 글로 써 주었습니다.

　-엄마가 집에 들어오라고 했는데 안 들어가고 놀았어요.

　-장난으로 친구 머리에 꿀밤을 때렸어요.

　-친구 귀에다 대고 "고고다미노!"라고 소리쳤어요.

　-친구 우유를 모르고 쏟았어요.

　-내 장난감을 가져간다고 친구를 때렸어요.

　-엄마 화장품을 몰래 만졌어요.

　-엄마 머리카락을 베고 잤어요.

　-친구 머리를 때렸어요.

　-자다가 엄마를 발로 찼어요.

　-형아한테 짜증날 때 소리 질렀어요.

　-누나가 혼날 때 팔짱끼고 엄마를 째려 봤어요.

　-엄마한테 모르고 "야!"라고 했어요.

　-영화 볼 때 뽑기 안 시켜 줬다고 엄마한테 계속 짜증 냈어요.

　-친구한테 바보라고 했어요.

　-자다가 엄마한테 올라갔다 내려갔다 했어요.

　-친구가 똥 쌀 때 살짝 봤어요.

　-발차기 놀이하다가 모르고 엄마를 찼어요.

　-엄마한테 욕을 했어요.

아이들은 참 투명합니다. "엄마한테 욕을 했어요."라고 쓴 아이는 학기

초에 친구들에게 욕을 해서 문제가 되었던 아이입니다. 학부모 상담을 하면서 아이가 큰 형들이랑 어울려 놀다가 욕을 배웠다는 사실을 알게 되었습니다.

아이가 욕을 할 때마다 하브루타를 했습니다.

"왜 그런 나쁜 말을 했니?"

"친구가 너에게 그런 말을 하면 어떻겠니?"

"친구의 마음은 어떨까?"

"나쁜 말 말고 어떤 고운 말로 너의 생각을 표현할 수 있을까?"

시간이 걸리더라도 하브루타로 이야기를 나누었습니다.

아이가 등원하면 문제 행동이 일어나기 전에 고운 말을 사용하기로 약속했습니다. 욕을 하지 않는 날에는 "고운 말을 사용했구나." 하며 칭찬해 주었습니다.

서서히 욕을 하는 일이 없어졌습니다. 아이는 욕했던 일을 잘못으로 알고 적었습니다. 자신의 잘못을 깨닫고 솔직하게 고백해 줘서 기특하고 고마웠습니다.

"가젤처럼 누군가 너에게 잘못한 적이 있니?"

아이들은 누가 자신에게 어떤 잘못을 했다고 생각할까요?

아이들이 자기에게 잘못했다고 한 사람의 얼굴을 그린 후에 그 이유를 듣고 글로 써 주었습니다.

-어제 누나가 내 똥꼬를 발로 찼어요.

-친구가 장난감으로 나를 때렸어요.

-형아가 "고이루"라고 놀렸어요.

-친구가 밥풀을 튀겼어요.

-동생이 잘 때 팔을 꼬집었어요.

-친구가 저한테 '너 싫어!' 하면서 화를 냈어요.

-나도 액체괴물로 놀고 싶은데 누나가 못하게 했어요.

-친구가 저한테 '코딱지!'라고 했어요.

-친구가 넘어뜨렸어요.

-동생이 짜증 부려서 하지 말라고 했는데, 계속 그랬어요.

-친구가 바보라고 했어요.

-형아가 이상한 말("음, 아니야.")을 해요.

-오빠가 자기 킥보드 정리하라고 시켰어요.

-친구가 내 우유를 쏟았어요.

-뽀뽀하기 싫은데, 형아가 시켰어요.

-친구가 팽이 늦게 돌린다고 짜증 부렸어요.

-미술 영역에서 내가 만든 거 다른 친구한테 줬어요.

"누군가 나에게 잘못을 하면 너희는 어떻게 하니?"

"사과하라고 해요."

"선생님한테 말해요."

"엄마한테 말해요."

"같이 안 놀아요."

"만약 친구가 '미안해.'라고 사과를 안 하면 어떠니?"

"화가 나요."

"속상해요."

그때 한 아이가 이렇게 말합니다.

"흥, 나도 잘못했을 때 사과 안 하면 되죠."

"친구가 사과 안 한다고 나도 똑같이 안 하면 같이 놀 때 어떨까?"

"재미없어요."

"같이 못 놀아요."

"친구가 잘못했을 때 먼저 사과를 하면 얼마나 좋을까? 근데, 어떤 친구들은 끝까지 사과를 안 해. 그럴 때는 내가 먼저 용서해 줄 수 있단다. 용서가 뭔지 아니?"

"'괜찮아.' 하는 거요?"

"맞아. 용서는 친구의 잘못을 '괜찮아.'라고 진심으로 말해 주는 것과 비슷해. 용서는 마음속에서 빛나는 별빛이란다. 우리 마음은 작은 우주랑 비슷해. 마음속에 수많은 별이 있어. 마음속 보석이지.

선생님이랑 『내 마음은 보물 상자』 그림책 하브루타하면서 특별히 12가지 보물을 알아봤지? 그 보물이 바로 마음속 별들이야.

그중 용서는 사랑만큼이나 아름다운 별이란다. 용서하면 잘못한 사람에 대한 미운 마음이 사라져서 편안해진단다. 용서하면 내가 잘못했을 때 나도 용서받을 수 있단다. 누구나 잘못을 할 수 있어. 용서의 별을 반짝일 수 있겠니?"

아이들끼리 놀다가 일어나는 작은 실수나 잘못에는 용서의 빛을 비춰야 합니다. 놀이 속에서 서로가 서로를 용서하는 경험을 수없이 많이 해야 합니다.

어느 날 동시로 질문 중심 놀이 하브루타 수업을 했습니다. 용서하고 용서받는 구체적인 대화법에 대해 이야기를 나누게 되었습니다.

〈그런 게 친구야〉
　　　　　　허미애

친구 때문에 재미있고
친구 때문에 심심하고
그런 게 친구야.

친구 때문에 깔깔 웃고
친구 때문에 잉잉 울고
그런 게 친구야.

친구니까 싸우고
친구니까 용서하고

그래서 친구야.

그런 게 친구야.

「그런 게 친구야」 동시로 아이들이 만든 질문
-친구가 안 놀아 주면 기분이 어떨까?
-친구가 나보다 더 웃기면 어떨까?
-화나면 기분이 어떨까?
-친구랑 싸운 게 꿈일까? 진짜일까? 미래일까?
-진짜 친구랑 아주 심하게 싸우면 기분이 어떨까?
-친구가 용서해 주지 않으면 기분이 어떨까?

'친구가 용서해 주지 않으면 기분이 어떨까?'라는 질문으로 용서하고 용서받는 구체적인 대화법에 대해 이야기를 나누었습니다.

유아기는 또래 관계가 형성되면서 친구 간의 갈등을 많이 경험하게 됩니다. 심리학자인 밀드레드 파튼(Mildred Parten)은 유아의 놀이를 관찰하여 놀이 유형을 분류했습니다. 그는 1세와 2세 유아는 혼자 놀이를 많이 하다가 4세쯤 되면 연합 및 상호적 협동 놀이로 변화되는 과정을 기술했습니다.

혼자 놀이에서 또래간의 연합 및 협동 놀이를 하다 보면 갈등 상황이 종종 일어나게 됩니다. 예를 들어 역할 놀이를 할 때 엄마 역할은 한 명인데 두 명의 아이가 엄마 역할을 하고 싶습니다. 미술 놀이를 할 때 친구랑 함께 색종이 접기를 하고 싶은데, 친구는 그림 그리기가 하고 싶습니다.

  연합 및 협동 놀이를 할 때 생각이 다를 경우 서로 양보하지 않으면 갈등이 일어납니다. 다양한 갈등은 싸움을 일으키며 서로 간에 상처를 주고받을 수 있습니다.

  그러나 놀이로 인한 상처는 서로가 서로를 용서하면서 치유될 수 있습니다. 어떻게 용서하고 용서받을 수 있는지 바르게 알고 경험하는 것이 중요합니다. 이러한 과정 속에서 상처가 아물고 다시 함께 즐겁게 놀 수 있는 새 살이 돋아납니다.

"친구가 나한테 잘못했을 때는 어떻게 말하면 좋을까?"
  ① 친구가 잘못한 사실과 그로 인한 나의 기분을 명확하게 이야기한다.
  예) "네가 나를 쳐서 기분이 너무 나빠."
  ② 친구가 그렇게 한 이유를 물어본다.
  예) "왜 그랬어?"
  ③ 친구가 사과하면 잘못을 넓은 마음으로 용서해 준다.
  예) "괜찮아."
  ④ 친구가 앞으로 해 주었으면 하는 마음을 이야기한다.
  예) "다음부터는 조심해 줬으면 좋겠어."

"내가 친구한테 잘못했을 때는 어떻게 말하면 좋을까?"
  ① 내가 잘못한 사실을 그대로 이야기한다.

예) "내가 지나가다가 너의 블록을 무너뜨렸어."

② 친구가 어떤지 물어본다.

예) "괜찮아?"

③ 친구의 눈을 보고 마음을 담아 진심으로 사과한다.

예) "미안해."

④ 앞으로 내가 해야 할 일을 이야기한다.

예) "앞으로는 조심할게."

모든 상황에서 이러한 순서로 대화하기는 어렵습니다. 그럼에도 갈등이 일어났을 때 바르게 사과하고 사과 받는 방법을 알려 주어야 합니다. 잘못하고도 눈도 맞추지 않은 채, 대충 "미안해!" 한마디 하고 가 버리는 아이들이 있기 때문입니다. '사과만 하면 괜찮다.'는 잘못된 생각을 갖게 해서는 안 됩니다. 용서하고 용서받는 과정 가운데 진정한 사과가 담겨야 합니다.

용서를 배우는 세 번째 하브루타 HOW

- 아이들은 무엇을 잘못이라고 생각할까?
- 왜 아이들은 용서를 배워야 할까?
- 용서하고 용서받는 대화법은 무엇인가?

04
용서를 배우는 네 번째 하브루타 HOW

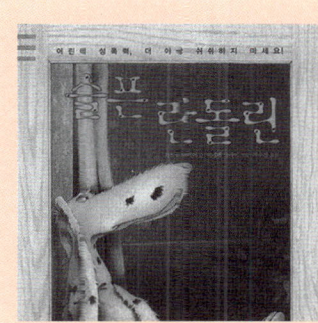

『슬픈 란돌린』
글 카트린 마이어, 그림 아테테 블라이, 옮김 허수경, 문학동네어린이

브리트에게는 란돌린이라는 인형이 있습니다. 란돌린은 요즘 슬픕니다. 브리트와 한집에서 살게 된 아저씨가 브리트의 몸을 마구 부비고 아프게 하기 때문입니다. 브리트는 그 사실을 란돌린에게간 이야기합니다. 란돌린은 눈물을 닦아 주다가 도저히 견디지를 못합니다. 너의 몸은 소중한 것이라고 소리칩니다. 어떻게 하면 좋을지 브리트와 란돌린은 고민하다가 친한 아줌마에게 찾아갑니다. 아줌마는 꼭 안아 주고 도와줄 수 있는 사람에게 도움을 청해 줍니다.

"만약 나쁜 비밀이 생기면 어떻게 할 거니?"

아동 폭력 문제만큼은 아이가 마음에서 용서하는 것으로 절대 끝나면 안 됩니다. 『슬픈 란돌린』 그림책으로 성폭력 예방을 위한 질문 중심 놀이 하브루타 수업을 했습니다.

"만약 나쁜 비밀이 생기면 어떻게 할 거니?"
너도 나도 손을 들어 대답했습니다.
"엄마한테 말해요."
"아빠한테 말해요."
"선생님한테 말해요."
"경찰한테 말해요."
그때 한 아이가 이렇게 말했습니다.
"잊어버려요."
순간, 마음 안에 정적이 흘렀습니다.
"잊어버린다고?"
"애들아! 만약 너희 손에 살짝 상처가 나면 어떠니?"
"아파요."
"그래, 그래도 아주 살짝 난 상처는 약 바르지 않아도 괜찮아질 수 있단다. 칼로 깊이 베었을 때는 어떠니?"
"약 발라야 해요."

"밴드 붙여야 해요."

"그래, 만약에 치료하지 않으면 곪을 수 있단다."

"곪는 게 뭐예요?"

바로 인터넷을 찾아서 치료를 방치해서 염증이 심해진 사진을 보여 주었습니다.

"얘들아! 우리 몸뿐만 아니라 마음이 아프면 마음에도 상처가 난단다."

"브리트와 같은 일은 우리 마음에 아주 커다란 상처야. 그냥 잊어버린다고 사라지지 않는 상처야. 반드시 부모님이나 선생님께 도움을 요청해야 한단다."

아이가 폭력에 노출되어 있다면 반드시 도움을 요청해서 치료를 받아야 합니다. 누구나 폭력으로부터 보호받고 치료받을 권리가 있습니다.

"선생님! 왜 브리트는 엄마가 아니라 아줌마한테 비밀을 이야기했어요?"

"글쎄, 왜 그랬을까?"

그때 다른 아이가 손을 들고 이야기했습니다.

"엄마는 아저씨를 좋은 사람이라고 알잖아요. 아줌마는 아저씨를 모르고요."

아이의 통찰력이 놀라웠습니다.

가끔 성폭력 사건을 보면 아이가 사건을 알렸습니다. 굉장한 용기를 내서 말한 것입니다. 그러나 주변에서 믿어 주지 않아 계속 폭력에 노출된 경우가 있습니다. 사건은 해결되지 않고 이어지는 폭력과 보복에 의해 아이는 좌절하며 무기력해집니다.

"그래, 그럴 수 있겠구나. 어른들이 잘 모르고 안 믿어 주는 경우가 있을 수도 있어."

"그럼 어떻게 해요?"

"그러면 다른 사람에게 또 이야기하렴."

"엄마가 안 믿어 주면 선생님께 말씀드려. 선생님도 안 믿어 주시면 경찰한테 말하렴. 누군가 너희 이야기를 믿어 줄 때까지. 또 이야기하고 또 이야기해야 해. 진실은 꼭 밝혀진단다."

이야기를 하다가 모르는 사이에 목소리에 힘이 들어갔습니다. 폭력으로 인한 상처는 용서하는 마음만으로 해결되기 어렵습니다. 용서 이전에 반드시 보호와 치료가 먼저입니다.

> **용서를 배우는 네 번째 하브루타 HOW**
> -아동 폭력으로 인한 상처는 어떻게 용서해야 할까?

05 용서를 배우는 그림책 하브루타 HOW

『사자가 작아졌어!』
글·그림 정성훈, 비룡소

어느 날 갑자기 사자가 작아졌습니다. 작아진 사자는 물에 빠졌습니다. 지나가던 가젤이 사자를 보고 구해 줍니다. 그런데 가젤이 사자를 보니, 어제 가젤의 엄마를 잡아먹은 사자였습니다. 가젤은 사자에게 "왜 우리 엄마를 잡아먹었어"라며 원망합니다. 사자는 그냥 배가 고파서 먹었을 뿐이라며 가젤을 위로해 주려 합니다. 꽃을 주고 노래도 불러 줍니다. 가젤의 뿔을 꾸며 주며 털을 빗어 줍니다. 가젤은 "다 필요 없어. 우리 엄마를 돌려줘."라고 하며 슬픔에 울부짖습니다. 사자는 힘없이 "그럼 날 잡아먹어."라고 합니다. 가젤은 "그렇게 할 수 없어."라고 합니다. 사자는 진심을 담아 미안하다고 사과합니다. 다시 사자가 커집니다.

표현 중심 놀이 하브루타

① 도입 하브루타

표지를 보면서 이야기 나누세요.

-사자를 본 적이 있니?

-사자는 무엇을 하고 있니?

-사자의 표정이 어떠니?

-사자는 무슨 꿈을 꾸고 있을까?

② 그림책 감상

그림책을 도란도란 읽어 주세요.

③ 내용·심화·적용 하브루타

질문 후 장면을 찾아보며 생각을 나누세요.

-왜 사자는 작아졌을까?

-왜 가젤은 사자를 구해 주었을까?

-왜 사자는 다시 커졌을까?

-나도 사자처럼 사과한 적이 있나?

-사과는 어떻게 해야 할까?

④ 짝 하브루타

※교실에서 짝이랑 하는 짝 하브루타

-사과를 한 적이 있니?

-오늘의 기본 문장을 알려 줄게.

-짝이랑 이야기 나눠 보자.

"나도 사과를 한 적이 있어. 왜냐하면~."

⋯▶ 짝을 보세요.

⋯▶ 네네, 선생님!

⋯▶ 하브루타하서요.

⋯▶ 네네, 선생님!

-짝이랑 이야기 나눈다.

※가정에서 엄마 또는 아빠랑 하는 짝 하브루타

-사과를 한 적이 있니?

-왜 사과를 하게 되었니?

-사과를 하고 나니 기분이 어땠니?

⑤ 표현 하브루타

-내가 만약 사자였다면 가젤을 뿔에 어떤 그림을 그리고 색칠해 주었을까?

-가젤의 뿔을 꾸미려면 무엇이 필요할까?

-가젤의 뿔을 꾸며요.

…▸ 준비물: 뿔 모양 종이, 스티커, 색종이, 색연필, 크레파스, 물감 등

…▸ 뿔 모양 종이에 자유롭게 그리고 색칠하고 꾸민다.

⑥ 종합 하브루타

-다시 커진 사자와 가젤을 어떻게 지내고 있을까?

-새롭게 알게 되거나 느낀 것은 무엇이니?

-더 궁금한 것은 무엇이니?

질문 중심 놀이 하브루타

① 도입 하브루타

표지를 보면서 이야기 나누세요.

(제목을 가리고)

-사자가 어디에 있니?

-사자의 크기는 얼만할까?

-만약 사자를 만난다면 어떨까?

-그림책 속으로 들어갈까?

-재미있는 질문을 만들어 보자!

② 그림책 감상

그림책을 도란도란 읽어 주세요.

③ 내용 하브루타

내용 질문 후 장면을 찾아보며 이야기 나누어 보세요.

-이야기를 잘 들었니?

-사자는 낮잠을 자다가 어떻게 되었니?

-개울에 빠진 사자를 누가 구해 주었니?

-왜 가젤은 슬퍼했을까?

-어떻게 사자는 가젤을 위로해 주려고 했니?

-"다 필요 없어. 우리 엄마를 돌려줘."라고 외치는 가젤에게 사자는 뭐라고 했니?

-사자는 마지막에 가젤에게 뭐라고 했니?

④ 질문 하브루타

장면을 다시 보여 주거나 궁금한 장면이 있으면 멈춰서 질문 시간을 줍니다.

-사자와 가젤의 이야기를 잘 들어 보았니?

-이야기를 듣고 그림을 보니 무엇이 궁금하니?

＊아이랑 도란도란 만든 질문을 적어 보세요.

＊질문 중에 가장 이야기 나누고 싶은 질문을 선택해서 적어 보세요.

⑤ 짝 하브루타

＊최고의 질문으로 기본 문장을 만들어 적어 보세요.

＊최고의 질문으로 짝이랑 생각을 나눠 보세요.

『사자가 작아졌어!』 그림책으로 아이들이 만든 질문

-왜 사자는 작아졌어요?

-왜 가젤은 사자를 구해 주었어요?

-왜 사자 눈에 X를 쳤어요?

-어떻게 가젤의 엄마를 잡아먹었어요?

-왜 사자는 가젤한테 자신을 잡아먹으라고 했어요?

-사자는 가젤의 뿔에 무엇을 그렸어요?

-왜 사자는 다시 커졌어요?

아이들이 뽑은 최고의 질문

-왜 사자는 가젤한테 자신을 잡아먹으라고 했어요?

최고의 질문으로 생각 나누기

-사자는 가젤한테 자신을 잡아먹으라고 했어. 왜냐하면~.

⑥ 종합 하브루타

-이야기를 나눠 보니 어땠니?

-어떤 짝이 나와서 발표해 볼까?

-내일은 함께 만든 질문으로 더 많은 생각을 나누자.

마음에 남는 알콩달콩 하브루타

선생님: 왜 사자가 작아졌을까?
아이1: 가젤의 엄마를 잡아먹어서요.
아이2 자다가 작아지는 꿈을 꿨어요.
아이3 하나님이 벌을 내리셨어요.
선생님: 왜 사자는 가젤한테 자신을 잡아먹으라고 했을까?
아이4 너무 미안해서요.
아이5 자기도 가젤 엄마를 잡아먹었잖아요.
아이6 가젤이 계속 우니까요.
선생님: 왜 사자는 다시 커졌을까?
아이7 착해져서 하나님이 크게 해 주셨어요.
아이8 꿈에서 깨어났어요.
아이9 진심으로 사과했잖아요.
선생님: 너희들은 잘못했을 때 진심으로 사과한 적 있니?
아이들: 네.
선생님: 진심으로 사과는 어떻게 하는 걸까?
아이2 "미안해!"라고 천천히 말해요.
아이3 눈 보고 이야기해요.
선생님: 그래. 너희들이 너무 잘 알고 있구나. 사자는 가젤의 마음이 어떨지 천천히 생각해 보았어. 진심으로 가젤에게 다가가서 사과했단다. 사과는 대충 말로 "미안해!"라고 하는 게 아니란다. "내 잘못으로 친구의 마음이 얼마나 아팠을까?" 생각해 보고 진심으로 미안한 마음을 담아서 눈을 보고 사과해야 한단다.

사(思)고치기
여섯

에디슨처럼
실패를 넘어서는
아이의 용기

01
용기를 키우는
첫 번째 하브루타 HOW

"싫어. 싫어. 집에 갈 거야!"

민주는 7살에 우리 원을 처음으로 다니게 되었습니다. 6살 때 다른 유치원에 몇 주 갔다가 적응하지 못했습니다. 그 후로 집에서만 지냈습니다. 예전 기관에 적응하지 못한 이유를 자세히는 모릅니다. 민주에게 좋지 않은 기억이 있는 것은 분명했습니다.

처음으로 등원하는 날, 민주는 엄마 품에서 떨어지려고 하지 않았습니다. 코알라처럼 다리를 엄마 허리에 꼭 묶어 놓았습니다.

"싫어. 싫어. 집에 갈 거야."

목소리와 숨소리에 두려움이 가득했습니다. 한 발짝도 교실에 들어오지 않았습니다.

민주는 무엇이 그토록 두려운 걸까요?

새로운 것은 누구에게나 두려울 수 있습니다. 필자에게도 민주만큼 두려움이 가득했던 시절이 있었습니다. 고등학교를 졸업하고 교육대학교에 들어가기 위해 재수를 시작했습니다. 1년만 고생하면 교육대학교에 갈 수 있으리라 생각했습니다.

새벽 6시에 일어나서 밤 12시까지 도서관과 학원을 오가며 혼자서 열심히 공부했습니다. 식당에서 혼자 밥을 먹는 날도 많았습니다. 그러나 시험 결과는 좋지 않았고 불합격 통보를 받았습니다. 가정형편이 넉넉지 않았고 나이도 부담이 되었습니다. 힘들지만 한 번 더 용기를 냈습니다. 마지막 도전이라 생각했습니다.

세 번째 수능 시험 날은 너무 큰 부담에 몹시 긴장하고 떨었습니다. 결국 시험을 망치고 온 몸이 땅속으로 가라앉는 것 같았습니다. 교문에서 엄마와 눈이 마주쳤습니다. 엄마는 해맑게 웃는 얼굴로 어깨를 토닥이며 말씀하셨습니다.

"시험장 근처에 작은 교회가 있지 않겠니. 그곳에서 계속 기도했단다. 반드시 기도를 들어주실 거야."

'엄마가 하루 종일 기도를? 날씨도 추운데 낯선 곳에서…. 왜 기도를 들어주지 않으신 걸까?'

원망의 마음이 몰려왔습니다. 시험 보는 동안 떨리는 마음과 손을 어떻게 해야 할지 몰랐습니다. 평안한 마음을 그 어디에서도 느낄 수 없었습니다.

집으로 돌아오는 버스에서 엄마 몰래 고개를 돌렸습니다. 눈물이 하염없이 흘러 창밖에 비가 내리는 것 같았습니다. 창밖으로 지나가는 뿌연 풍경들은 앞으로 다가올 불투명한 미래 같았습니다.

어린 시절에 장사를 하시던 엄마가 집에 돌아와서 하소연을 하신 적이 있었습니다.

"아니, 다른 노점 장사들도 있는데 역장이 나와서 엄마한테만 가라고 하는 거야. 엄마가 끝까지 버텼단다. 왜 엄마한테만 뭐라고 하는지 모르겠구나. 엄마가 잘했지?"

그날 이후부터 학교에 있다가도 마음이 불안했습니다.

'역장이 나와서 엄마를 또 괴롭히면 어떡하지?'

'지붕도 없는데 비가 오면 어떡하지?'

그러다가 어떤 직업이 있는지도 자세히 모른 채 꿈이 하나 생겼습니다.

'어른이 되면 반드시 지붕이 있는 곳에서 일해야겠다.'

자라면서 지붕이 있는 학교에서 일하는 교사가 되고 싶었습니다. 20대 초반 힘든 재수 생활을 이겨 냈던 이유였습니다. 하지만 외로운 싸움의 결과는 실패였습니다. 그 실패는 자신에 대한 실패 같았습니다.

결국 교육대학교 대신 유아교육과에 들어갔습니다. 유아교육과도 교사가 되는 것이었지만 그리기, 만들기, 꾸미기를 못하고 싫어하는 필자에게는 도무지 어울리지 않아 보였습니다.

늦은 나이에 3살이나 어린 동생들과 동기로 지내는 것이 때로는 힘들었습니다. 편하게 말하고 대하는 것이 무시하는 것처럼 느껴질 때도 있었습니다. 낮고 못난 자존심은 별것도 아닌 것에 기분이 상하곤 했습니다.

'나는 아무리 노력해도 안 되었지. 앞으로도 해도 안 될 거야.'

낮은 자존감과 학습된 무기력이 새로운 도전을 두렵게 했습니다.

주변에서 임용고사를 보라고 권했습니다. 그때마다 괜히 울컥 화가 났습니다. 대학을 다니는 4년 동안 임용고사를 준비할 엄두가 나지 않았습니다. 한 번만 더 시험에서 실패하면 나라는 존재가 무너질 것 같은 두려움에 휩싸였습니다.

두려움은 사람을 그 자리에 멈추게 합니다. 옴짝달싹 못하게 합니다. 아무것도 못한 채 그 자리에서 두려움이라는 감정에만 몰두하게 합니다. 두려움은 『그리스신화』에 나오는 메두사 이야기와 비슷합니다. 메두사는 뱀으로 된 머리카락을 지닌 여인입니다. 사람들은 메두사를 보기만 해도 그 자리에서 두려움 때문에 돌이 되었습니다.

두려움의 실체는 무엇일까요? 두려움은 외부의 물리적 또는 정신적 위협, 어떠한 변화로부터 살아남기 위한 본능적인 감정입니다.

마크 고울스톤의 책 『뱀의 뇌에게 말을 걸지 마라』에 의하면 인간의 뇌는 3개의 층으로 이루어져 있습니다. 1층은 가장 안쪽에 있으며 파충류의 뇌(본능과 생존 주관)입니다. 2층은 중간층을 차지하며 포유류의 뇌(다양한 감정 주관)입니다. 3층은 가장 바깥쪽에 있는 인간의 뇌(이성적이고 도덕적인 판단 주관)입니다. 일반적으로 3개의 뇌는 어느 정도 협력하여 일하지만 독립적으로 기능하기도 합니다. 두려움의 감정은 2층 포유류의 뇌, 그중 편도체와 밀접한 관련이 있습니다. 편도체를 제거하면 두려움에 무감각해집니다.

한 연구에 의하면 편도체를 제거한 쥐는 고양이를 보고도 피하지 않았습니다. 편도체와 전두엽이 함께 기능하면 위험을 감지하고 안전하게 행동하도록 돕습니다. 극도의 두려움이 몰려오면 편도체가 독립적으로 움직입니다. 이성을 잃은 판단을 행동으로 옮기게 합니다. 이것을 다니엘 골먼은 '편도체 납치'라고 정의했습니다. 포유류의 뇌가 인간의 뇌를 지배하게 되는 것입니다. 메두사를 보기만 해도 두려움에 돌이 된 사람들은 '편도체 납치'를 당한 것입니다.

용기를 키우는 첫 번째 하브루타 HOW

-두려움은 무엇일까?
-나는 두려움에 휩싸여 본 적이 있는가?
-편도체 납치는 무엇일까?

02
용기를 키우는
두 번째 하브루타 HOW

"우리 같이 손잡고 크게 숨쉬기 할까?"

삶에 대한 불안, 그로 인한 두려움은 누구에게나 있습니다. 사람은 그 누구도 미래의 일을 알지 못하기 때문입니다. 언제, 어디서, 어떻게 어려움과 실패, 거절을 당할지 예측할 수 없습니다. 삶의 불안에 대한 두려움은 어쩌면 당연한 것인지도 모릅니다. 누구에게나 있는 두려움을 어떻게 극복하느냐가 관건입니다.

"사람을 볼 때는 성공이 아니라 실패에 어떻게 반응하는가를 보고 판단하라."
-마틴 루터 킹

두려움을 극복하기 위해서는 어떻게 해야 할까요?

왜 누군가는 두려움을 이겨 내고 누군가는 이겨 내지 못할까요?

우선 극도의 두려움은 편도체 납치 과정임을 인정해야 합니다. 편도체 납치는 모든 사람의 본능입니다.

여름방학을 마치고 등원하는 진우의 눈빛이 불안해 보였습니다.

"진우야! 오늘 기분 어때?"

"선생님! 가슴이 콩닥콩닥 뛰어요."

"왜?"

"그냥, 친구들을 만날 생각을 하니까 너무 무서워요."

"그래? 오랜만에 함께 놀려고 하니까 힘드니?"

"네."

"우리 같이 손잡고 크게 숨쉬기 할까?"

아이와 손을 잡고 심호흡을 했습니다.

"어때? 조금 괜찮니?"

"네, 조금 좋아졌어요. 이제 들어가도 괜찮아요."

편도체 납치 과정에서 극도로 두려운 감정이 생깁니다. 이때 인간의 뇌에 숨을 불어 넣어야 합니다. 심호흡, 10까지 숫자 세기, 감정 읽기 등은 전두엽을 움직이게 합니다. 전두엽을 통해 이성적으로 상황을 이해하고 감정을 조절하도록 돕습니다. 엘리스와 벡의 인지 치료에 의하면, 실패에 대한 왜곡된 생각을 바꾸는 것도 두려움에서 벗어나게 돕습니다.

에디슨은 필라멘트를 발명하기 위해 3,000번이 넘는 실험을 했습니다. 그는 안 되는 방법을 알게 된 것이지 결코 실패라고 생각하지 않았습니다. 실패에 대한 생각을 '안 되는 방법을 알게 된 것'이라고 해석했습니다. 실패로 인한 두려움 속에 자신을 가두지 않았습니다. 실패를 통해 배우고 다시 도전했습니다.

스티브 잡스도 실패로 인해 험난한 시간을 보냈습니다. 그는 매킨토시의 판매 부진으로 인해 1985년 자신이 설립한 회사 애플에서 쫓겨났습니다.

잡스는 훗날 그때 일을 회고하면서 이렇게 고백했습니다.

"인생의 초점을 잃어버렸고 참담한 심정이었습니다. 처음에는 실리콘밸리에서 영원히 도망칠까 하는 생각도 했습니다."

그는 두려움의 감정을 조절하고 자신이 사랑하는 일이 무엇인지 생각했습니다. 자신이 여전히 애플에서 했던 일을 사랑하고 있다는 사실을 깨달았습니다.

"가장 중요한 것은, 여러분의 마음과 직관을 따르는 용기를 갖는 것입니다."
-스티브 잡스

세계를 이끌어 온 리더들은 대부분 많은 실패를 경험했습니다. 그러나 실패로 인한 두려움에 스스로를 가두지 않았습니다. 용기를 갖고 새로운 도전을 할 때 앞서 나가는 리더가 될 수 있습니다.

"계속 실패의 위험을 무릎 쓰기로 한다면 그들은 여전히 아티스트이다. 딜런이나 피카소는 항상 실패를 두려워하지 않았다."
-스티브 잡스

용기를 키우는 두 번째 하브루타 HOW

-두려움의 실체는 무엇일까?

-편도체 납치는 무엇이며 어떻게 해야 할까?

03 용기를 키우는 세 번째 하브루타 HOW

"짝 하브루타 시간은 아주 난장판이에요."

'용기'는 어떤 의미가 있을까요?

용기: 날쌜 용(勇), 기운 기(氣)

용기란 굳세고 씩씩한 기운을 의미합니다. 굳세고 씩씩한 기운은 무엇일까요? 아주 작고 사소한 움직임에 변화를 느끼는 것입니다. 그때 두려움을 극복하고 '나도 할 수 있다.'는 긍정적 에너지가 일어납니다.

하브루타는 '질문의 대화'입니다. 아이들과 깊은 대화를 나누는 것이 쉽지는 않습니다. 대화는 전제 조건이 있기 때문입니다. 그것은 '신뢰할 수 있는 좋은 관계'입니다. 선생님이 아무리 발달에 적합한 좋은 질문을 해도 아이들이 대화하고 싶지 않으면 아무 소용이 없습니다. 아이들도 어른처럼 자신을 존중해 주지 않거나 믿을 수 없는 사람에게 마음속 이야기를 나누지 않기 때문입니다.

처음 하브루타를 시작할 때 교실의 모든 아이와 관계가 좋은 것은 아니었습니다. 1~2명은 버릇없이 굴고 마음대로 하며 화가 나면 친구를 때리는 등 나쁜 행동으로 속상하게 했습니다. 하루를 지치게 하는 아이를 사랑하기는 매우 어려웠습니다.

하브루타를 하면서 사랑하기 어려운 아이를 '안아 주기'로 결심했습니다. 하루에 한 번, 시간을 내어 그 아이를 안아 주었습니다. 어느 날부터인가 놀랍게도 그 아이가 내 아이처럼 느껴지기 시작했습니다.

'아! 스킨십이 정말 마음을 변화시켜 주는구나!'

긍정적 변화를 경험했습니다. 점차 문제 상황이 일어났을 때 하브루타로 대화하는 용기를 갖게 되었습니다. 작은 변화의 효과를 경험하면 굳세고 씩씩한 기운이 납니다. 용기는 또 다른 변화에 도전하게 합니다.

하브루타 연수를 받고 나면 선생님들이 감동합니다.

'아이들과 마음을 나눌 수 있다니!'

'아이들이 질문을 만들 수 있다니!'

좋은 수업을 하고 싶은 마음에 당장 교실에 가서 하브루타 수업을 시도합니다.

"선생님! 선생님 연수를 듣고 하브루타 수업을 해 봤는데요. 잘 안 돼요."

"애들이 쓸데없는 이야기를 자꾸 해요. 질문도 못 만들고요. 그냥 시간이 엉망진창 돼 버렸어요."

처음엔 뜻대로 잘 되지 않습니다. 아이들은 자꾸 엉뚱한 이야기를 합니다. 평소 말썽꾸러기는 소리를 내거나 발을 구르는 등 이상한 행동으로 방해합니다. 어떤 아이들은 말도 안 되는 이상한 질문들을 만듭니다. 궁금한 게 하나도 없다면서 놀리듯 말하기도 합니다. 예상치 못한 반응에 실망하게 되고 포기하고 싶어집니다.

처음 하브루타를 했을 때 우리 반도 마찬가지였습니다. 열심히 질문을 만들어 수업을 했습니다. 손을 번쩍 든 아이에게 질문에 대답할 기회를 주었습니다. 그런데 질문과 전혀 상관없는 이야기를 천연덕스럽게 했습니다.

"선생님! 놀이터는 언제 나가요?"

짝 하브루타를 하라고 했더니, 여기저기에서 소리를 지릅니다.

"짝 하브루타 또 해요?"

"선생님! 저희 다 했어요. 다했다고요."

그야말로 난장판이었습니다. 하지만 포기할 수 없었습니다. 왜냐하면 내면에서 울린 한 가지 질문에 대한 해답을 찾아야 했기 때문입니다.

초·중·고등학교, 대학교를 다니면서 수많은 외적 질문에 답하며 수업을 받고 시험을 봤습니다. 정작 스스로 던지는 내적 질문은 없었습니다. 돌아보면 스스로 질문을 할 시간도 마음의 여유도 없었습니다. 외부에서 시험으로 주어지는 질문들을 풀기에도 벅차고 버거웠습니다.

어른이 되어, 더 이상 시험을 보지 않지만 수많은 시간 동안 스스로 질문

하는 방법을 잊어버렸습니다. 어느 날 우연히 『질문하는 공부법 하브루타』 책을 읽다가 이런 질문을 하게 되었습니다.

'나는 왜 유대인처럼 아이들에게 삶의 가치를 가르치지 못할까?'

처음으로 스스로에게 던진 질문에 해답을 찾고 싶었습니다. 강한 내적 동기가 일어났습니다. 하브루타로 삶의 가치를 가르치는 엄마이자 교사가 되고 싶었습니다.

"왜 하브루타가 안 될까?"

"어떻게 하면 재미있고 쉽게 할 수 있을까?"

계속 질문을 던지면서 해답을 찾아가게 되었습니다. 발견한 것이 '내면의 문제점'이었습니다. 가장 큰 문제는 필자와 아이들, 모두가 질문이 어색하다는 것이었습니다. 그때부터 일상 하브루타를 시작했습니다. 특히 지시와 명령을 버리고 질문으로 지도했습니다.

아침 출근 시간에 다짐했습니다.

'오늘도 질문만 하자. 지시와 명령은 하지 말자.'

"교실에서는 어떻게 다녀야 할까?"

"숟가락은 어떻게 놓아야 할까?"

질문으로 지도해도 아이들의 변화가 눈에 띄게 보이지는 않았습니다. 계속 질문으로 지도하는 것이 힘들 때는 포기하고 싶었습니다. 그런데 이상하게 질문으로 지도하면서 서서히 잘못된 행동에 예전처럼 화가 나지 않았습니다. 문제를 만드는 아이가 미워지지 않았습니다.

긍정적 변화의 경험은 다양한 하브루타 프로그램을 시도할 용기를 주었습니다. 처음으로 교실과 가정에서 하브루타를 시도한다면 '지시와 명령'의 언어 습관부터 바꾸는 것이 좋습니다. '작고 사소한 변화'는 '작은 말 한마디'로부터 시작됩니다. 작은 변화를 경험하면 '할 수 있다.'는 용기가 생깁니다.

용기를 키우는 세 번째 하브루타 HOW

- 용기는 어떤 의미가 있을까?
- 긍정적 에너지는 언제 일어날까?
- 하브루타를 시작할 때 무엇부터 시도해 볼까?

04
용기를 키우는 네 번째 하브루타 HOW

"가장 중요한 것은 눈에 보이지 않아."

우리는 매일 어떠한 결정을 해야 합니다.
'아침에 무엇을 먹을지?'
'어떤 옷을 입을지?'
'친구를 만날 것인지? 안 만날 것인지?'
하루를 보내는 동안 수많은 선택에서 결정을 합니다. 결정에 가장 큰 영향을 주는 것은 무엇일까요? 이성적이고 합리적인 사고일까요? 김경일 인지심리학 박사는 『지혜의 심리학』에서 "결정은 정서의 힘으로 이루어진다."라고 했습니다.

소비자 행동 연구 심리학, 경제학 등에서 여전히 풀지 못하는 것 하나가

'태도와 행동 간에 존재하는 불일치'라고 합니다. A와 B라는 선택 앞에서 이성적이고 합리적인 결과는 A입니다. 그러나 결국은 느낌이 오는 B로 결정할 때가 많습니다.

어떤 결정을 할 때 이성적 사고보다 정서가 더 많은 영향을 끼친다는 것을 의미합니다. 과거의 실패 경험이 있거나 현재의 상황이 두렵다면 정서적으로 불안한 상태가 됩니다. 안전한 느낌이 없으면 결정이 어렵습니다.

민주는 6세 때 경험한 기관에 대해 나쁜 기억을 가지고 있었습니다. 그래서 교실에 들어오는 것을 불안해했습니다. '들어갈 것인가, 들어가지 말 것인가?' 결정이 어려운 것이 당연합니다. 그런데 민주는 작은 용기를 냈습니다. 어떻게 용기를 낼 수 있었을까요?

"선생님, 그러면 우리 엄마랑 같이 들어가도 돼요?"

"그래. 근데, 원래는 안 되는 거란다. 여기는 아이들단 들어오는 곳이야. 대신에 한 가지 약속을 해 줘야 하는데, 약속을 지켜 줄 수 있겠니?"

"뭔데요?"

"엄마랑 함께 교실에 들어가서 한 바퀴 돌아볼 거야. 그런 후 엄마는 집에 가셔야 한단다. 대신에 약속된 시간에 오실 거야. 약속을 지킬 수 있겠니?"

민주는 대답을 하지 않고 빤히 쳐다만 보았습니다.

"민주야! 처음이라 많이 힘들지? 그래도 조금만 용기를 내 볼까? 민주의 마음속에는 아름다운 별들이 있어. 그중 용기의 별도 있단다. 함께 용기의 별을 반짝여 보자. 선생님이 도와줄게."

민주는 잠시 머뭇거리다가 작은 소리로 말했습니다.

"네, 용기를 내 볼게요."

엄마와 함께 교실을 한 바퀴 돌아본 후, 민주는 조금 불안해했지만 교실에 남았습니다.

하루 일과 중 마음속 별빛 카드를 뽑는 시간이 있었습니다. 별빛 카드는 아이들과 함께 만든 예의, 존중, 배려, 소통, 정돈, 용서, 창의성, 정직, 나눔, 용기, 감사, 협동 12가지의 가치 카드입니다.

"오늘 민주가 처음 우리 원에 와서 힘들었단다. 하지만 용기를 내서 교실에 들어왔어. 민주 마음에 있는 용기의 별이 반짝였구나. 오늘은 용기를 낸 민주가 별빛 카드를 뽑아 볼까?"

민주에게 별빛 카드를 뽑게 했습니다. 민주는 '예의' 카드를 뽑았습니다.

"우리 내일 아침 선생님과 인사할 때 예의의 별을 반짝여 보자."

민주의 눈빛이 반짝였습니다.

다음 날 아침, 민주가 두 손을 모으고 인사를 예쁘게 했습니다.

"우와! 민주가 용기를 내서 씩씩하게 오고 예의바르게 인사도 잘하네."

민주가 밝게 웃었습니다.

만약 교실에 들어오기 싫다고 떼쓰는 아이에게 부정적인 말로 설득했다면 어떻게 되었을까요?

"도대체 몇 살인데 그러니?"

"언제까지 떼를 쓸 거니?"

부정적인 말은 '난 할 수 없어.'라는 부정적인 에너지만 무의식 속에 쌓이게 할 뿐입니다.

김경일 박사는 『지혜의 심리학』에서 일반적으로 부정적 정서를 담당하는 뇌 구조물은 안쪽이 긍정적 정서를 담당하는 뇌 구조물은 더 바깥쪽에 분포한다고 했습니다.

뇌는 내부에서 외부로 발달해 나갑니다. 두려움 등의 부정적인 정서는 본능적으로 주어지지만 긍정적인 정서는 후천적인 노력으로 얻을 수 있습니다. 부정적인 본능을 더 강화시킬 필요가 없습니다. 부정적인 본능에 휘말리지 않고 이겨 낼 수 있는 긍정 에너지를 주어야 합니다.

긍정심리학자 크리스토퍼 피터슨은 "인간에게는 질병, 질환, 고통이 발생하는 것과 동시에 미덕과 탁월함이 주어진다."고 했습니다.

인간에게는 분명히 선한 품성이 있습니다. 그 선함은 순수한 별빛과 같습니다. 어린왕자가 알려 준 것처럼 가장 중요한 것은 눈에 보이지 않습니다. 어린왕자의 별처럼 마음우주에 세상을 밝히는 별들이 가득합니다. 별들이 얼마나 빛나느냐가 그 사람을 빛나게 합니다. 인간의 선함, 즉 미덕과 탁월함을 아이들에게 별빛으로 설명해 줍니다.

"얘들아! 선생님이 좋아하는 어린왕자가 이런 말을 했단다. '사막이 아름다운 것은 보이지 않는 오아시스가 있기 때문이야.' 선생님은 이렇게 말하고 싶어. 너희가 아름다운 것은 보이지 않는 마음속 별들 때문이야. 모든 사람의 마음에는 아름다운 별이 가득 차 있단다. 눈에 보이지 않지만 마음의 별을 빛내는 아이는 어느 곳에서나 빛이 난단다."

어떤 아이에게도 누구나 빛날 권리가 있습니다. 별빛 카드는 '난 할 수 있어.'라는 긍정적인 에너지를 불어넣어 줍니다. 12개의 별빛 카드는 마음우주에서 반짝이는 12개의 가치별입니다.

하브루타를 하다가 아이들이 "부자는 나쁜 사람이에요.", "나눠 먹으면 또 달라고 해요. 귀찮아요." 등 가치관이 벌써 형성되고 있음을 알게 되었습니다.

"아이들에게 삶을 아름답게 하는 가치를 가르쳐야겠다."

자연스럽게 인류 사회에서 보편적으로 소중하게 생각하는 가치에 관심을 갖게 되었습니다. 가치는 인성의 덕목이기도 하고 선한 품성, 미덕이기도 합니다. 보편적으로 소중한 가치가 굉장히 많습니다. 그중 글로벌 리더가 될 아이에게 꼭 필요한 12가지를 가치를 선정해서 별빛 카드를 만들었습니다.

별빛 카드는 하루 일과 중 다양하게 활용합니다.

첫째, 하루 일과 중 별빛 카드를 뽑는 시간을 만듭니다. 별빛이 빛났던 아이를 구체적으로 칭찬해 주고 별빛 카드를 뽑게 합니다. 선생님께서 별빛 카드를 읽어 준 후 교실과 가정에서 어떻게 반짝일지 함께 이야기를 나눕니다.

둘째, 하루 일과 중 마음속 별빛이 반짝일 때마다 선생님께서 구체적으로 언급하며 인정해 줍니다.

"은지가 색연필을 정리했구나. 정리의 별빛이 반짝이네."

셋째, 12개의 별빛 카드를 반짝일 수 있는 그림책을 선정하여 그림책 하브루타를 진행합니다. 체계적인 질문과 아이들이 직접 만든 질문으로 가치의 중요성을 깨닫고 실천할 수 있습니다. 마지막 수업 시간에 별빛 카드를 함께 읽어 주면 좋습니다.

별빛 카드	그림책 제목	지은이	출판사
예의	가은이의 배꼽인사	글 한태희, 그림 김신희	소담주니어
존중	내 마음은 보물 상자	글 위테크, 그림 루세	키즈엠
배려	우당탕탕, 할머니 귀가 커졌어요	글·그림 엘리자베드 슈티메르트	비룡소
소통	알사탕	글·그림 백희나	책읽는곰
정돈	레아의 엉망진창 방 정리정돈하기	글·그림 크리스티네 메르츠	창조문화
용서	사자가 작아졌어!	글·그림 정성훈	비룡소
창의성	아빠한테 가고 싶어요!	글 유다정, 그림 주보희	미래아이
정직	거짓말	글 카드리 그리브, 그림 프레데리크 베르트랑	씨드북
나눔	달사베트	글·그림 백희나	책읽는곰
용기	숨바꼭질	글·그림 앤서니 브라운	웅진주니어
감사	오소리네집 꽃밭	글 권정생, 그림 정승각	길벗어린이
협동	검피 아저씨의 드라이브	글·그림 존 버닝햄	시공주니어

또한 부정적인 말 중 비난의 말은 빨리 상황을 벗어나고 싶은 회피동기를 일으킵니다. 두려움을 회피하기 위해 단시간에 반짝 효과가 나타날 수 있습니다. 그러나 상황을 피하기 위한 일시적인 변화일 뿐입니다. 장기적인 변화를 위해서는 많은 시간과 인내가 필요합니다.

하원 시간이었습니다. 한 학부모님께서 심각하게 하실 말씀이 있다고 했습니다.

"선생님! 저희 아이가 민석이 때문에 너무 힘들어해요."

"어머님! 무슨 일이 있었나요?"

"민석이가 툭하면 죽여 버린다고 해서 너무 무섭대요."

"네. 어머니, 민석이가 말을 거칠게 할 때가 있어요. 나쁜 말을 하지 않고 고운 말을 사용하도록 계속 지도하겠습니다."

민석이는 교실에서 나쁜 말을 할 때가 종종 있었습니다. 그때마다 하브루타로 지도했지만 하루아침에 아이가 변하지는 않았습니다.

"민석아! 선생님이 우리 교실의 행복한 울타리가 무엇 때문에 무너지기 쉽다고 했니?"

"말 한마디요."

"그래, 민석아. 말 한마디가 아무것도 아닌 것 같지만 울타리에 구멍을 내고 무너뜨린단다."

"친구한테 죽여 버린다는 말을 한 적이 있니?"

민석이는 눈을 못 맞추고 작은 소리로 대답했습니다.

"네."

"만약 친구가 너에게 그런 말을 하면 어떻겠니?"

"싫어요."

"그래, 내가 싫은 말은 친구도 싫단다. 앞으로는 어떻게 할 거니?"

"그런 말을 하지 않을게요."

"그래, 민석아! 선생님은 너를 믿는단다."

3일 후 또 다시 학부모님께서 찾아오셨습니다.

"선생님! 어제 민석이가 또 '죽여 버린다.'는 말을 했어요. 제가 말씀드렸는데도 왜 계속 이런 일이 일어나는 건가요? 저희 아이가 무섭대요. 두렵대요."

어머님은 얼굴이 빨개지셔서 상기된 목소리로 말씀하셨습니다.

"어머님! 제가 민석이를 지도하지 않은 게 아니에요. 민석이가 많이 좋아졌어요. 요즘은 거의 나쁜 말을 사용하지 않아요."

"어제 또 그 말을 했다고요."

어머님의 속상한 마음은 이해가 갔습니다. 하지만 이제 3일이 지났습니다. 변화에는 충분한 시간이 필요합니다.

"어머님! 아이들은 동전이 아니에요."

"네?"

"아이들이 동전 뒤집기처럼 말 한마디로 휙휙 바뀌면 얼마나 좋을까요? 저도 그랬으면 좋겠어요. 그렇지만 아이들은 동전 같은 물건이 아니잖아요. 인격이잖아요. 인격은 하루아침에 변화되기가 어려워요. 시간이 많이 필요해요."

"어머님! 계속 지도하는데 아이들이 변하지 않는 것 같아 저도 속상할 때가 많아요. 아이들은 눈에 보이지 않을 만큼 아주 조금씩 변하고 있어요. 조금만 더 기다려 주세요."

어머님은 아무 말씀도 하지 않으시고 돌아가셨습니다.

만약 잘못을 한 아이가 내 아이라면 어떨까요? 내 아이라면 좀 더 기다려 줄 수 있지 않을까요? 다른 아이도 내 아이처럼 용서하고 기다려 주시면 얼마나 좋을까요? 어른들이 변화를 기다려 주지 않고 한 아이를 나쁜 시각으로 가두어서는 안 됩니다.

어머님이 돌아가신 후 민석이에게 다가갔습니다.

"민석아! 어제 '죽여 버린다.'고 말했니?"

"네. 근데, 그게 저도 화가 나서…."

"그래, 선생님도 알아. 네가 얼마나 나쁜 말과 욕을 안 하려고 노력하고 있는지…."

민석이는 갑자기 자기편이라도 생긴 듯이 목소리에 힘을 주어 이야기했습니다.

"맞아요. 선생님! 저 요즘에 욕 안 해요."

"그래, 선생님은 알고 있어."

"민석아! 네가 이렇게 노력하고 있잖아. 그런데 한 번이라도 나쁜 말을 하면 다른 사람들은 네가 계속 나쁜 말을 했다고 생각한단다."

"네."

"앞으로 나쁜 말을 더 줄여 보자. 특히, '죽여 버린다.'는 말은 친구가 무섭대. 교실에 무서운 마음으로 오면 어떻겠니?"

"싫어요."

"그런 말 안 할게요."

"그래. 선생님은 너를 믿고 있어."

"민석아! 선생님하고만 예의가 필요하게 아니야. 친구 사이에도 예의가 필요해. 말을 예쁘게 하는 게 예의란다. 예의의 별을 빛내 주렴."

그 뒤로 민석이는 나쁜 말을 사용하는 횟수가 점점 줄었습니다. 2학기가 되자 거의 사용하지 않았습니다.

"너를 믿는다."

"너의 마음속 별을 반짝여 주렴."

긍정 에너지로 스스로 변화시킬 용기를 주어야 합니다. 작고 사소한 변화가 계속 일어날 때 장기적인 진짜 변화가 일어납니다. 힘과 시간이 걸려도 별빛 카드로 에너지를 주며 인내하며 기다리는 이유입니다.

용기를 키우는 네 번째 하브루타 HOW

- 어떠한 결정에 영향을 미치는 것은 무엇인가?
- 12개의 별빛 카드는 무엇이며 어떻게 활용할까?
- 긍정적 에너지는 어떻게 만들어질까?

05
용기를 키우는 그린책 하브루타 HOW

『숨바꼭질』
글·그림 앤서니 브라운, 옮김 공경희, 웅진주니어

누나 파피와 동생 사이는 강아지를 잃고 우울해하다가 숨바꼭질을 합니다. 사이는 꼭꼭 숨고 파피는 사이를 찾습니다. 파피는 사이를 계속 찾지 못하자 두려운 마음이 듭니다. 숨어 있던 사이도 이상한 소리에 두려운 마음이 듭니다. 하지만 "찾았다. 너희 둘 다!"라는 파피의 외침으로 잃어버렸던 강아지, 파피와 사이가 다시 만나게 됩니다.

표현 중심 놀이 하브루타

① **도입 하브루타**

표지를 보면서 이야기 나누세요.

-숨바꼭질을 해 본 적이 있니?

-누구랑 해 보았니?

-누가 술래일까?

-너라면 어디에 숨을 거니?

② **그림책 감상**

그림책을 도란도란 읽어 주세요.

③ **내용·심화·적용 하브루타**

질문 후 장면을 찾아보며 생각을 나누세요.

-이야기를 잘 들었니?

-왜 골디가 없어졌을까?

-왜 사이는 무서웠을까?

-사이처럼 무서웠던 적이 있었니?

④ **짝 하브루타**

※교실에서 짝이랑 하는 짝 하브루타

-무서울 때 무엇을 생각하면 마음이 편해지니?

-이유가 있니?

-오늘의 기본 문장을 알려 줄게.

-짝이랑 이야기 나눠 보자.

"나는 무서울 때 ○○이 생각 나. 왜냐하면~."

…▶ 짝을 보세요.

…▶ 네네, 선생님!

…▶ 하브루타하세요.

…▶ 네네, 선생님!

-짝이랑 이야기 나눈다.

※가정에서 엄마 또는 아빠랑 하는 짝 하브루타

-무서울 때 무엇을 생각하면 마음이 편해지니?

-이유가 있니?

⑤ 표현 하브루타

-내가 무서울 때 도와주는 사람 또는 물건이 무엇이었니? 그림으로 그려 보자.

-"두렵지 않아요!"

…▶ 준비물: 동그란 종이

…▶ 앞면에 무서울 때 나의 표정을 그린다.

⋯ 뒷면에 무서울 때 나를 도와주는 사람 또는 물건을 그려 본다.

⑥ 종합 하브루타

-무서울 때는 어떻게 하면 좋을까?

질문 중심 놀이 하브루타

① 도입 하브루타

표지를 보면서 이야기 나누세요.

(제목을 가리고)

-여자아이는 무엇을 하고 있을까?

-멀리 보이는 아이는 어디를 가고 있을까?

-커다란 나무뿌리 부분이 무엇처럼 보이니?

-그림책 속으로 들어갈까?

② 그림책 감상

그림책을 도란도란 읽어 주세요.

③ 내용 하브루타

내용 질문 후 장면을 찾아보며 이야기 나누어 보세요.

-이야기를 잘 들었니?

-왜 파피와 사이는 시무룩했니?

-파피와 사이는 무슨 놀이를 했니?

-동생 사이를 못 찾자 파피는 어땠니?

-파피가 잘 못 찾자, 숨어 있던 사이는 어땠니?

-이상한 소리는 무엇이었니?

④ 질문 하브루타

장면을 다시 보여 주거나 궁금한 장면이 있으면 멈춰서 질문 시간을 주세요.

-파피와 사이는 숨바꼭질 놀이를 했어.

-이야기를 듣고 그림을 보니 무엇이 궁금하니?

＊아이랑 도란도란 만든 질문을 적어 보세요.

＊질문 중에 가장 이야기 나누고 싶은 질문을 선택해서 적어 보세요.

⑤ 짝 하브루타

＊최고의 질문으로 기본 문장을 만들어서 적어 보세요.

＊짝이랑 최고의 질문으로 생각을 나눠 주세요.

『숨바꼭질』 그림책으로 아이들이 만든 질문
- 왜 골디가 없어졌어요?

-왜 심심했어요?

-왜 숨바꼭질을 했어요?

-누가 나뭇가지 더미를 만들어 놓았어요?

-왜 사이는 무서웠어요?

-누나 앞에 그림자는 뭐예요?

-왜 나무 밑을 동물 발처럼 그렸어요?

-어떻게 골디가 다시 왔어요?

-누가 이 책을 만들었어요?

-왜 이 책을 만들었어요?

아이들이 뽑은 최고의 질문

-왜 사이는 무서웠어요?

최고의 질문으로 기본 문장 만들기

-사이는 무서웠어. 왜냐하면~.

⑥ 종합 하브루타

-이야기를 나눠 보니 어땠니?

-어떤 짝이 나와서 발표해 볼까?

-내일은 함께 만든 질문으로 더 많은 생각을 나누자.

마음에 남는 알콩달콩 하브루타

선생님: 너희는 숨바꼭질하다가 무서웠던 적이 있니?
아이1: 숨바꼭질해서 숨었는데 갑자기 불이 꺼졌어요.
아이2: 어두운 데 숨었는데 계속 안 찾아요.
아이3: 바깥에서 친구들이랑 숨바꼭질해서 숨었는데 번개가 쳤어요.
아이4: 집에서 숨었는데 문이 안 열렸어요.
선생님: 그랬구나. 놀이하다가도 나를 못 찾으면 이렇게 무섭구나. 부모님이랑 길을 가다가 갑자기 부모님을 잃어버리고 혼자가 되면 어떨까?
아이5: 너무 무서워요.
선생님: 어떻게 해야 할까?
아이들: 도와 달라고 해요. 부모님께 전화해 달라고 해요. 경찰아저씨 불러요.
선생님: 그래, 잘 알고 있구나. 선생님이 차근차근히 다시 알려 줄게.

첫째, 멈추고 생각한다.
그 자리에 멈춰야 한단다. 멈춘 후 천천히 숨을 쉬면서 마음속으로 숫자를 5가지 세어 보렴. 두려운 마음이 조금 편안해질 거야. "잘될 거야."라고 생각하면서 내 이름, 부모님 이름, 전화번호 또는 주소를 생각해 보렴.

둘째, 도움을 요청한다.
한참을 기다려도 안 올 때는 주변에 병원, 약국 또는 은행, 경찰서 같은 곳에 가서 부모님 또는 경찰(112)에 연락하도록 도움을 요청하렴. 부모님이 전화를 받지 않을 때는 경찰(112)에 전화해 달라고 말하렴.

셋째, 절대 다른 사람을 따라가면 안 된단다.
"전화기가 집에 있는데. 우리 집에 가면 전화해 줄게." 같은 말을 듣고 절대 따라가면 안 된단다. 따라가지 말고 그 자리에서 경찰을 불러 달라고 해야 해.

사(思)고치기
일곱

마크 저커버그 같은
리더가 되게 하는
아이의 나눔

01 나눔을 배우는 첫 번째 하브루타 HOW

"선생님! 전 혼자 먹고 싶어요."

'나눔'에 대해 아이들은 어떤 생각을 하고 있을까요?

입학 후 4월, 처음으로 명화로 질문 만들기 수업을 했습니다. 밀레의 「빵 굽는 여인」 명화를 감상하며 내용 질문을 던졌습니다.

"여기는 어딜까?"

"선생님! 부엌 같아요. 그런데 왜 바닥도 천장도 나무로 되어 있어요?"

"글쎄, 왜 그런 것 같니?"

"집을 나무로 만들었나 봐요."

"이 여자 분은 누굴까?"

"선생님! 할머니 같은데요."

밀레, 「빵 굽는 여인」
크뢸러밀러 미술관, 1854년.

"왜 그런 생각이 들었니?"

"얼굴이 자세히는 안 보이는데, '아! 아닌가?'"

"무엇을 하고 있는 거 같니?"

"빵을 굽고 있나 봐요."

"엄청 커다란 불이 안에 있는 것 같아요. 벽 안이 빨간색으로 보여요."

"그렇구나."

"이 그림은 밀레 아저씨가 그린 「빵 굽는 여인」이라는 명화란다."

"너희들이 만약 밀레 아저씨를 만난다면 무엇을 물어보고 싶니? 궁금한 게 있니?"

아이들이 궁금한 것을 발표하며 질문 만들기를 시작했습니다.

"어떻게 그렸어요?"(내용 질문)

"색깔을 어떻게 만들어요?"(내용 질문)

"왜 그렸어요?"(심화 질문)

"밀레 아저씨! 그릴 때 어려웠어요? 쉬웠어요?"(심화 질문)

"아주머니 혼자 살아요? 같이 살아요?"(심화 질문)

처음 한 질문 만들기 활동이라 많은 질문은 아니었습니다. 그러나 놀랍게도 내용 및 심화 질문이 골고루 있었습니다.

"우리 친구들이 궁금한 게 참 많구나."

"선생님이 빵 굽는 다른 친구도 있어서 데리고 왔는데, 만나볼래?"

"네!"

"『구리와 구라의 빵 만들기』 그림책으로 들어가 볼까?"

『구리와 구라의 빵 만들기』
글 나카카와 리에코, 그림 오무라 유리코, 옮김 이영준, 한림

들쥐 구리와 구라는 숲 속에서 도토리를 줍다가 커다란 달걀을 발견합니다. 구리와 구라는 달걀로 커다란 카스텔라를 만들기로 합니다. 집으로 와서 빵을 만들 수 있는 준비물을 가지고 옵니다. 빵이 구워지자 숲 속 동물들이 하나둘 모여듭니다. 구리와 구라는 커다란 카스텔라를 동물 친구들과 나누어 먹습니다.

그림책을 감상한 후 한 가지 질문을 던졌습니다.

"너희가 만약 구리와 구라라면 누구랑 빵을 나눠 먹고 싶니?"

"엄마요!"

"예은이요!"

"아빠요!"

가족 또는 친구들과 나눠먹고 싶다는 아이가 많았습니다.

한 아이가 큰 소리로 말했습니다.

"전 혼자 먹을 거예요!"

"그래, 왜?"

"저 혼자서도 다 먹을 수 있어요."

"저렇게 빵이 커다란데?"

"오늘 먹고 내일 또 먹으면 되죠."

"선생님! 저도 혼자 먹을래요."

"왜?"

"한 번 주면 자꾸 달라고 해서 귀찮아요."

나눔을 손해 보는 것, 귀찮은 것으로 생각하는 아이들도 있었습니다.

'신은 모두가 충분히 먹을 음식을 주었다. 다만 인간이 나누지 않을 뿐이다.'

『구리와 구라의 빵 만들기』이야기에 나오는 빵처럼 지구에는 모두가 충분히 먹을 수 있는 음식이 있습니다. 지구 한편에는 음식물 쓰레기가 넘쳐나고, 다른 한편에서는 사람들이 굶어죽고 있습니다.

다가오는 4차 산업혁명으로 부의 편중은 더 심해질 것으로 예상됩니다. 계산원, 경비원, 요리사, 작곡가, 변호사, 검사 등 인간이 하던 많은 일을 인공지능과 로봇이 대신하게 되기 때문입니다.

2017년 5월 미국 위스콘신주 대법원은 인공지능(AI) 시스템 '컴퍼스' 알고리즘의 결과가 증거로 채택돼 중형을 선고받은 것이 부당하다는 피고측 항소를 기각했습니다. '컴퍼스'는 노스포인트라는 스타트업이 만든 일종의 AI검사입니다. 미국대법원이 AI보고서를 증거로 채택한 것입니다. 영미권에서는 AI판사까지 도전하는 리컬테크 기업이 늘고 있습니다.

앞으로는 인공지능과 로봇 등의 기술력을 갖고 있는 소수의 사람이 더 많은 부를 가져갈 것입니다. 직업을 빼앗긴 사람들에게 그 부를 어떻게 나눌 것인가? 4차 산업혁명 시대에 인류가 풀어야 할 과제임이 분명합니다.

나눔에 대해 어떤 생각을 갖고 있느냐는 소중한 생명과 관련되어 있습니다. 하브루타로 나눔에 대한 가치를 아이들에게 알려 주어야 합니다.

나눔을 배우는 첫 번째 하브루타 HOW

- 왜 지구 한편에서는 음식물이 넘쳐나고, 다른 한편에서는 굶는 사람이 있을까?
- 4차 산업혁명 시대에 인류가 풀어야 할 과제는 무엇일까?
- 나눔에 대한 나의 생각은 무엇일까?

02
나눔을 배우는 두 번째 하브루타 HOW

"부자는 나쁜 사람이에요."

'나눔'의 진정한 의미는 무엇일까요?

나눔이란 '나누다'의 줄임말입니다. 나에게 있는 것을 대가 없이 타인에게 주는 것입니다.

『영웅이 되고 싶어』 그림책으로 하브루타 수업을 했습니다.

그림책의 첫 장면을 읽어 주는데 한 아이가 질문을 했습니다.

"어떻게 기드온 집은 부자예요?"

"그러게. 얘들아, 어떻게 기드온 집은 부자일까?"

"회사에서 아빠가 일만 해요."

"아빠가 나이가 많아서 회사에서 높은 사람이에요."

『영웅이 되고 싶어』
글 플로렌스 패리 하이드, 그림 척 그로닉, 옮김 지호, 키즈엠

"아빠가 대통령 아니에요?"

"그래, 우리 친구들이 다양한 생각을 하는구나."

"얘들아, 부자는 어떤 사람일까?"

"부자는 나쁜 사람이에요!"

대번에 한 아이가 큰 소리로 말했습니다.

"나쁜 사람?"

아이의 생각에 잠시 할 말을 잃었습니다.

왜 아이는 '부자는 나쁜 사람이다.'라고 정의를 내리게 된 것일까요? 인터넷과 TV 매체에서 들려오는 뉴스와 어른들의 이야기가 은연중에 아이들의 생각에 영향을 미치고 있습니다. 정직하게 부자가 된 이야기, 부를 나누는 부자 이야기가 너무 적습니다.

그에 비해 부도덕하게 부를 불리고 세금을 탈세한 부자들의 이야기가 넘칩니다. 부자에 대한 부정적인 선입견을 갖기가 쉽습니다. 이제는 정직하게 부자가 되고 부를 나누는 부자 이야기가 많아져야 합니다.

그러나 나눔이 곧 물질을 나누는 것만 의미하지는 않습니다. '나에게 있는 것'은 보이는 물질뿐만 아니라 시간과 지식과 경험, 지혜 등 비물질적인 것을 모두 포함합니다.

나눔은 내게 있는 것이 무엇인지 명확히 알고 감사할 때 시작됩니다. 많은 것을 갖고 있어도 있는지 모른다면 나눌 수 없습니다. 갖고 있어도 감사하지 못하면 나누기 어렵습니다.

매달 전국에서 하브루타에 관심 있는 교수님, 선생님, 강사, 학부모님 등이 모이는 하브루타연구회 모임이 있습니다. 그곳에서 교실과 가정에서 하브루타를 실천한 경험을 함께 나누고 있습니다. 하브루타를 알기 전에는 현장의 수많은 공문서 처리와 미처 생각지 못한 사고, 안전 및 인성 지도의 어려움 등으로 '교실을 떠나고 싶다.'는 생각을 문득문득 했습니다.

'과연 언제까지 교사를 할 수 있을까?'

현장에서 던진 유일한 질문이었습니다.

그런데 하브루타를 알고 나서 교실이 즐거워졌습니다. 아이들의 질문으로 새로운 것을 생각하며 아이들로부터 배우게 되었습니다. 하브루타로 마음을 나눌 때마다 마음이 따뜻해졌습니다. 하브루타를 만난 것이 기적이고 감사한 일이었습니다.

이 모든 기적이 필자만의 노력이 결코 아님을 알고 있습니다. 항상 하브루타를 알게 해 주신 분들과 연구하도록 조언해 주신 많은 분께 감사한 마음을 갖고 있습니다.

나눔은 무엇인가 넘치게 있어서 하는 게 아닙니다. 주어진 것에 대한 감사가 넘칠 때 가능합니다. 하브루타 경험을 나누면서 아이들의 생각과 마음을 전할 수 있어서 감사합니다.

"아! 아이들이 이런 생각을 하는군요."

"아이들도 질문을 만들 수 있군요."

"아이들에게 스킨십이 중요하군요."

"아이들에게도 말하지 않을 자유가 있군요."

"아이가 말하기 싫어하면 제가 먼저 이야기를 해야겠네요."

강의를 마치고 들려주시는 소소한 이야기들은 필자에게 보람이 됩니다. 가치 있는 경험을 나눈 것, 그 자체가 기쁨이고 행복이 됩니다.

나눔을 배우는 두 번째 하브루타 HOW

- 나눔의 의미는 무엇일까?
- 부자는 어떤 사람일까?
- 나는 무엇을 어떻게 나눌 수 있을까?

03 나눔을 배우는 세 번째 하브루타 HOW

"커서 후원자님처럼 선생님이 되고 싶어요."

어느 날 딸과 함께 신호등 앞에 서 있었습니다. 신호등 건너편에 경찰들이 차에서 과일을 파는 아저씨에게 무슨 이야기를 하고 있었습니다. 그러자 과일 장수 아저씨는 주섬주섬 과일들을 담기 시작했습니다.

순간, '노점 단속을 하고 있구나!' 하는 생각이 들었습니다. 코끝이 찡해지면서 마음 한구석이 아파 왔습니다. 부모님이 생각났습니다. 초등학교 때부터 부모님께서는 가게를 하다가 잘 안 될 때면 노점에서 장사를 하셨습니다.

"경채야! 저기 아저씨한테 경찰아저씨가 가라고 하나 봐."

"왜요?"

"저기는 신호등 바로 옆이고 차를 세우면 안 되는 곳이거든."

"그래도 너무 해요. 저 아저씨도 먹고살아야지!"

내가 하고 싶은 이야기를 딸이 해 주니까 왠지 기분이 좋았습니다.

"왜 그렇게 생각해?"

"평등해야죠."

"평등?"

"네, 누구나 먹고살 수 있어야 하잖아요."

"다른 사람들을 불편하게 하는데?"

"우린 조금 불편한 거죠. 저 아저씨는 장사를 못하면 먹고살기가 어렵잖아요."

'평등의 개념을 여기에 붙이는 게 맞는 걸까? 초등학교 4학년이 평등의 개념을 알고는 있을까?'

고개가 조금 갸우뚱했지만 속상했던 마음이 왠지 모르게 위로를 받는 것 같았습니다.

부모님께서는 지방 소도시의 작은 구멍가게를 시작으로 어렵게 장사를 하셨습니다. 초등학교 5학년 때 우리 아파트 길가에서 엄마가 양말을 파신 적이 있습니다. 엄마가 나를 부르면 친구들이 알게 될까 봐 조마조마했습니다. 그날 엄마 몰래 숨어서 지나갔던 일이 떠오릅니다.

넉넉지 않은 가정환경에서 나눔에 대해 생각하며 성장하기는 어려웠습니다. 교회를 다녔지만 헌금을 내는 것도 가끔은 아까웠습니다. 어린 나이에 우리 집보다 커다란 교회가 더 부자로 보였습니다. 왜 헌금을 내야 하는지 이해하지 못했습니다.

나눔은 머나먼 소설 속 이야기였습니다.

"나눔으로써 인생이 정말 행복해졌습니다. 그 아이가 가난하고 불쌍하기 때문이 아니라 나의 행복을 위해서 나누는 것입니다."

2012년 우연히「힐링 캠프」의 '차인표 편'을 보게 되었습니다.

'나눔이 나를 위해서라고?'

'나누면 행복하다고?'

'있어야 행복하지.'

'가져야 행복하지.'

무슨 이야기인지 도대체 이해가 가지 않았습니다. 그런데 '조금 아끼면 한 명을 후원할 수 있겠다.'라는 생각이 들었습니다. 작은 후원으로 한 명의 아이가 노동과 무관심에서 해방되고 배움의 기회를 얻을 수 있다니 놀라웠습니다.

2012년부터 필리핀에 있는 마릴린에 대한 후원과 편지 주고받기는 그렇게 시작되었습니다. 2015년 1월 마릴린으로부터 다음과 같은 내용의 편지가 왔습니다.

"후원자님, 진심으로 항상 기도해 주셔서 감사드려요. 또한 제가 받은 것을 친구들이 너무 부러워하고 제게 어디서 받은 것인지 끊임없이 물어본답니다. 하나 더 보내 주실 수 있으신가요? 그 애들도 행복하게 해 주고 싶어서요."

아이들과 함께 편지를 읽다가 울컥했습니다. 마릴린이 언급한 '제가 받은 것'은 스티커였습니다. 가끔 편지와 함께 아이가 좋아할 만한 스티커를 함께 보냈습니다. 교실과 가정에서 너무 흔한 스티커, 쉽게 사용하고 잃어버리는 것이었습니다.

스티커 1장이 커다란 행복이라니!

울컥해서 편지를 더 이상 읽지 못했습니다. 딸아이가 빤히 쳐다보다가 말했습니다.

"엄마! 빨리 문구점 가요. 문구점 가서 스티커 사서 보내 줘요."

그길로 함께 스티커를 사러 갔습니다. 아이들은 평소 문구점만 가면 이것저것 사 달라고 졸랐습니다. 오늘은 달랐습니다. 마릴린에게 보낼 스티커를 열심히 골랐습니다. 작은 후원이 우리 가족에게 더 큰 무언가를 주고 있었습니다. 마릴린을 통해 스티커 한 장이 주는 일상의 소소함이 얼마나 감사한 것인지 알게 되었습니다.

마릴린의 편지 이후로 감사 일기를 쓰기 시작했습니다.

어느 날 교회 가는 길에 아이들과 감사 일기에 대해 이야기를 나누었습니다.

"얘들아! 감사 일기 쓰기 힘들지?"

"네, 뭘 써야 할지 모르겠어요."

"엄마가 지금 써 볼까?"

"엄마는 지금 신호등이 있어서 정말 감사해. 만약 신호등이 없었으면 얼마나 위험하겠어."

당연히 있어야 한다고 생각되는 신호등에 대한 감사를 나누었습니다. 교회에 도착해서 아이들이 헌금봉투에 기도 제목을 쓰는게 그날은 좀 달랐습니다.

"하늘을 주셔서 감사합니다."

"쿠키를 맛있게 구워 주셔서 감사합니다."

"교회에 오게 해 주셔서 감사합니다."

"예수님을 보내 주셔서 감사합니다."

사실, 당연한 것은 하나도 없습니다. 당연히 주어지는 것도 없습니다. 신호등 하나도 누군가의 노력으로 만들어지고 설치됩니다.

나눔을 통해 당연한 것, 소소한 것을 감사하게 되고 행복을 맛볼 수 있었습니다. 소유의 크기가 행복의 크기는 아닙니다. 행복의 크기는 감사의 크기였습니다. 또한 나눔은 상상하지 못하는 기쁨을 주었습니다.

"후원자님!

벌써 성적표가 나왔어요. 제 평균 점수는 90.25이고 반에서 7등을 했어요.

후원자님은 어떻게 지내고 계세요? 후원자님은 아이들을 가르치시는 게 즐거우신가요?

저는 어른이 되면 후원자님처럼 선생님이 되고 싶어요. 제가 어떻게 하면 좋은 선생님이 될 수 있는지 비법을 알려 주시겠어요?

제가 반에서 1등을 할 수 있도록, 제 점수를 유지할 수 있기를 기도해 주세요. 저를 위해 기도해 주셔서 감사해요."
-2017년 9월 9일 마릴린 편지 중

"사랑스런 마릴린에게.
마릴린! 너의 편지를 받고 너무 기쁘구나! 반에서 7등을 했다니, 놀랍구나! 지금처럼 열심히 하면 분명히 좋은 선생님이 될 거야.
책을 읽고 나서 공부를 하면서 질문을 해 보렴. 왜일까? 무엇일까? 어떻게 할까? 질문이 생기면 알고 싶어진단다. 또 머릿속에 그림을 그려 가면서 공부해 보렴. 누군가를 가르친다고 생각해 봐.
말하면서 공부해 보렴. 너에게 맞는 공부 방법을 계속 생각하고 찾아야 한단다. 언젠가 멋진 선생님이 된 너를 만나고 싶어.
마릴린은 어떤 선생님이 되고 싶니? 마릴린이 꿈꾸는 선생님은 어떤 선생님이니? 너의 생각을 듣고 싶구나.
너를 위해 너의 가족을 위해 기도할게. 사랑하고 축복해."
-2017년 9월 9일 마릴린 편지의 답장 중

"오늘 2018년 4월 6일은 제가 초등학교를 졸업하는 날이에요.
제가 우등생인데요, 후원자님께서 제게 메달을 달아 주실 수 있도록 여기에 계셨으면 좋겠어요.
이제 곧 중학교로 올라가게 되는데, 다음 학기를 생각하면 너무 기뻐요.
새로운 친구들을 만나고, 새로운 공부를 할 수 있다는 것에 무척 기뻐요."

-2018년 4월 5일 마릴린 편지 중

    7살이었던 마릴린이 중학교에 들어간다니 정말 놀라웠습니다. 작은 나눔이 한 아이를 꿈꾸게 하고 있었습니다. 훗날, 교사가 된 마릴린을 만날 생각에 기쁩니다. 편지로는 못 다한 이야기들을 밤새 나누고 싶습니다. 이런 기쁨을 무엇으로 맛볼 수가 있을까요?

    신기하게 나눔은 실천할 때 그 비밀을 알 수 있습니다. 꼭 후원만이 나눔의 비밀을 알게 하는 것은 아닙니다. 교실에서는 '정리 시간에 친구 돕기', '맛있는 음식 나눠 먹기' 등 작은 나눔부터 시작하면 됩니다. 가정에서는 아이들과 꾸준하게 할 수 있는 작은 봉사를 찾아보면 어떨까요?

    얼마 전에 TV를 통해 션과 정혜영 부부가 아이들을 데리고 연탄 봉사하는 모습을 보았습니다. 아이들은 자연스럽게 연탄을 지고 올라가며 힘들지만 좋아했습니다. 한 명의 아이는 더 많이 연탄을 지게 해 달라고 아빠를 졸랐습니다.

    나눔은 내 것을 마냥 주는 것 같지만 나눔을 통해 더 많은 감사를 배우고 행복을 맛볼 수 있습니다.

> **나눔을 배우는 세 번째 하브루타 HOW**
> -나눔의 가치는 무엇일까?
> -진정한 나눔은 무엇일까?

04 나눔을 배우는 네 번째 하브루타 HOW

"하브루타의 또 다른 이름, 체다카!"

유대인들은 나눔을 태아 때부터 배웁니다. 미국의 최대 기부자인 빌 게이트, 워런 버핏, 마크 저크버그가 모두 유대인인 것은 결코 우연이 아닙니다. 홍익희 교수의 『유대인 이야기』를 보면 유대인의 나눔은 그들의 율법과 굉장히 밀접한 관련이 있습니다. 유대인 교육을 깊이 이해하기 위해서는 그들의 종교에 대한 이해가 필요합니다.

유대인들은 유대교를 믿습니다. 유대교는 하나님께서 모세를 통해 준 율법을 실천하면 구원을 받는다고 믿습니다. 유대인에게 가장 중요한 것은 율법입니다. 율법의 정신은 크게 2가지입니다. 미슈파트와 체다카입니다.

첫째, 미슈파트는 평등을 의미합니다. "100명의 유대인에게 100가지의 생각이 있다."라는 탈무드의 격언은 100사람의 의견을 평등하게 존중한다는 의미가 내포되어 있습니다. 페이스북의 마크 저크버그와 같은 유대인 리더들의 책상은 일반 사원들 사이에 있습니다. 그들에겐 사장실, 회장실이 없습니다. 이것은 미슈파트 정신과 관련이 있습니다. 공동체 내에 직위는 있지만 상하 관계가 아닙니다. 다만 일을 효율적으로 하기 위한 역할이 다를 뿐입니다. 언제 어디서나 서로 질문하고 대화하는 하브루타가 가능한 이유입니다.

둘째, 체다카는 '해야 할 당연한 행위, 정의'입니다. 정의란 공동체 내의 약자를 돌보는 것으로 고대 사회에서는 고아와 과부를 의미했습니다. 히브리어에는 '자선'이라는 단어가 없습니다. 가장 비슷한 말이 체다카입니다. 유대인들에게 체다카는 선택이 아닌 의무입니다. 가난한 사람도 체다카에 예외가 없습니다. 아무리 가난해도 더 가난한 사람을 돕는 게 마땅한 일입니다. 공동체 내의 약자, 고아와 과부도 정의를 지켜야 하기 때문입니다.

유대인은 뱃속에서부터 체다카를 가르칩니다. 유대인 부모의 8가지 태교법 중 하나가 동전 한 닢의 자선 태교, 체다카입니다. 아기가 기기 시작하면 방바닥의 동전을 아이 손으로 잡아 체다카 저금통에 넣습니다. 또한 매주 안식일 식탁에서 체다카를 합니다.

체다카는 하브루타와도 깊은 관련이 있습니다. 하브루타는 단지 지식을 얻고 시험을 잘 보기 위한 수단이 아닙니다. 서로의 지식과 지혜를 아낌없이 나눠 주는 또 다른 형태의 체다카입니다. 이러한 체다카는 소금에 많이 비유됩니다. 소금이 없는 음식은 맛이 나지 않습니다. 소금이 없으면 음식이 금방 부패합니다. 물질적으로 풍족해도 나누지 않으면 인색함으로 외롭고 쓸쓸하게 되기 쉽습니다. 외롭고 쓸쓸한 공허함을 채우기 위해 더 욕심을 내고 부도덕해지기도 합니다.

김경일 박사는 『지혜의 심리학』에서 행복한 삶을 즐거운 삶, 관여하는 삶, 의미 있는 삶 3가지 측면으로 바라봅니다. 그중 한 가지가 바로 의미 있는 삶입니다. 의미 있는 삶은 자신만의 강점을 살려 공동체를 위해 봉사하는 것입니다. 나와 내 가족만을 위한 삶이 아니라 누군가에게 도움이 될 때 사람들은 '보람'을 느낍니다. '아, 나도 꽤 괜찮은 사람이구나.' 행복감을 맛보게 됩니다. 이것이 바로 소금으로 인한 음식의 맛입니다.

유대인 마크 저크버그는 2015년 첫 딸의 탄생과 함께 페이스북 지분의 99%인 52조 원을 빈곤과 질병 퇴치 등을 위해 사회에 기부했습니다. 돈이 넘쳐 나서 기부한 것일까요? 마크 저크버그가 욕심을 절제하고 그 많은 재산을 기부한 궁극적인 이유는 무엇이었을까요?

"모든 부모처럼 우리는 네가 지금보다 더 나은 세상에서 자라기를 바란다. 너(딸)를 사랑해서이기도 하지만 다음 세대 모든 어린이를 위한 도덕적 의무이기도 하다."
-마크 저커버그와 프리실라 챈 부부가 딸에게 보내는 공개 편지 중

나눔을 배우는 네 번째 하브루타 HOW

- 율법의 정신은 무엇일까?
- 왜 하브루타가 또 다른 형태의 체다카일까?
- 왜 체다카는 소금에 비유될까?

07
나눔을 배우는
그림책 하브루타 HOW

『달샤베트』
글·그림 백희나, 책읽는곰

더운 여름 모두들 창문을 꼭꼭 닫고, 에어컨을 쌩쌩, 선풍기를 씽씽 틀며 잠을 청합니다. 그런데 갑자기 불이 꺼지고 창밖의 달이 녹아내립니다. 반장 할머니가 녹아내린 달물을 받아내서 샤베트를 만듭니다. 할머니는 이웃들에게 샤베트를 나눠 줍니다. 달에서 달토끼들이 할머니를 찾아와 하소연합니다. 할머니가 화분에 달물을 주자 달이 다시 커집니다.

표현 중심 놀이 하브루타

① **도입 하브루타**

표지를 보면서 이야기 나누세요.

-이곳은 어디일까?

-아파트를 본 적이 있니?

-아파트 안에 무엇이 보이니?

-무슨 계절일까?

② **그림책 감상**

그림책을 도란도란 읽어 주세요.

③ **내용·심화·적용 하브루타**

질문 후 장면을 찾아보며 생각을 나누세요.

-이야기를 잘 들었니?

-할머니는 달샤베트를 어떻게 만드셨니?

-왜 할머니는 달샤베트를 나눠 줬을까?

-만약 샤베트를 만든다면 무엇으로 만들고 싶니?

-나는 샤베트를 나눠 줄 수 있을까?

-누구에게 주고 싶니?

④ 짝 하브루타

※교실에서 짝이랑 하는 짝 하브루타

-샤베트를 누구에게 주고 싶니?

-오늘의 기본 문장을 알려 줄게.

"나는 샤베트를 ○○에게 주고 싶어. 왜냐하면~."

⋯▸ 짝을 보세요.

⋯▸ 네네, 선생님!

⋯▸ 하브루타하세요.

⋯▸ 네네, 선생님!

-짝이랑 이야기 나눈다.

※가정에서 엄마랑 아빠랑 하는 짝 하브루타

-샤베트를 누구에게 주고 싶니?

-왜 ○○에게 주고 싶니?

⑤ 표현 하브루타

-내가 만들고 싶은 샤베트를 그려 볼까?

-샤베트를 어디에 그려 보면 좋을까? 무엇이 필요할까?

-샤베트 표현하기

⋯▸ 준비물: 샤베트 모양의 종이, 스티커, 다양한 그리기 색칠 도구 등

⋯▸ 인터넷을 통해 다양한 샤베트를 찾아본다.

⋯▶ 샤베트를 마음껏 색칠하고 꾸민다.

*샤베트를 직접 만들어 보면 더 재미있어요.

⑥ 종합 하브루타

-내가 만든 샤베트는 어떤 맛이니?

-샤베트를 나눠 주면 어떤 마음이 들까?

질문 중심 놀이 하브루타

① 도입 하브루타

표지를 보면서 이야기 나누세요.

-달을 본 적이 있니?

-달의 모양이 어떠니?

-달의 색깔은 어떠니?

-왜 제목이 달샤베트일까?

② 그림책 감상

그림책을 도란도란 읽어 주세요.

③ 내용 하브루타

내용 질문 후 장면을 찾아보며 이야기 나누어 보세요.

-이야기를 잘 들었니?

-무더운 여름, 사람들은 무엇을 했니?

-커다란 달이 어떻게 되었니?

-반장할머니는 달물로 무엇을 만드셨니?

-전기를 많이 써서 갑자기 어떻게 되었니?

-할머니는 샤베트를 어떻게 했니?

-할머니 집에 누가 찾아왔니?

-남은 달물을 어떻게 했니?

-달은 어떻게 되었니?

④ 질문 하브루타

장면을 다시 보여 주거나 궁금한 장면이 있으면 멈춰서 질문 시간을 줍니다.

-이야기와 그림을 보니 무엇이 궁금하니?

＊아이랑 도란도란 만든 질문을 적어 보세요.

*질문 중에 가장 이야기 나누고 싶은 질문을 선택해서 적어 보세요.

⑤ 짝 하브루타

*최고의 질문으로 기본 문장을 만들어서 적어 주세요.

*짝이랑 최고의 질문으로 생각을 나눠 주세요.

『달샤베트』 그림책으로 아이들이 만든 질문

- 이 이야기는 진짜일까? 가짜일까?
- 왜 문을 닫고 선풍기를 틀었어요?
- 왜 불이 다 꺼졌어요?

- 왜 달이 녹았어요?
- 왜 할머니는 달물을 나눠 줬어요?
- 어떻게 달샤베트를 만들었어요?
- 어떻게 달물을 부었더니 달이 커졌어요?
- 어떻게 달이 커지면서 불빛이 나왔어요?
- 어떻게 토끼가 왔어요?
- 어떻게 토끼가 달에 들어갔어요?
- 어떤 마음으로 이 책을 만들었어요?

아이들이 뽑은 최고의 질문
- 왜 할머니는 달물을 나눠 줬어요?

최고의 질문으로 기본 문장 만들기
- 할머니는 달물을 나눠 줬어. 왜냐하면~.

⑥ 종합 하브루타

-이야기를 나눠 보니 어땠니?

-어떤 짝이 나와서 발표해 볼까?

-내일은 함께 만든 질문으로 더 많은 생각을 나누자.

마음에 남는 알콩달콩 하브루타

선생님: 커다란 달이 왜 녹았을까요?

아이1: 달이 원래 노란색이 아니고 흰색이잖아요. 근데, 노란색이어서 녹는 것 같아요.

아이2: 전기를 다 써서 녹았어요.

아이3: 날씨가 너무 더워서요.

아이4: 달이 없어지고 싶어서요. 사람들을 돕기 싫어서요.

선생님: 왜 돕기 싫었을까?

아이4: 힘들어서요.

아이5: 달은 보름달이었다가 반달이었다가 바뀌잖아요.

아이6: 달토끼들이 방아를 너무 세게 쳐서 달이 부서지고 있어요.

아이7: 달이 손톱을 깎아서요.

선생님: 누구에게 달샤베트를 나눠 주고 싶니?

아이17: 친구요. 저랑 놀아 줘요.

아이18: 아빠요. 저랑 게임하고 놀아 줘요.

아이19: 엄마요. 저를 재워 주세요.

아이20: 엄마, 아빠요. 힘내시라고요.

아이21: 나한테요. 용돈 있으니까 사 먹을 수 있어요.

아이6: 달한테 주고 싶어요. 달이 달토끼들이 세게 방아를 쳐서 아파요.

아이2: 선생님한테 주고 싶어요. 놀이터 데려가 주시고 책도 읽어 주니까요.

선생님: 왜 할머니는 달샤베트를 나눠 줬을까?

아이8: 마음이 넓어서요.

아이9: 아파트 반장이니까요.

아이10: 마음이 멋져서요.

아이13: 너무 많아서 눈이 부셔서요. 하나면 되잖아요.

아이6: 너무 깜깜하고 빛이 없어서 달샤베트 나눠 주려고요.

아이11: 아이스크림을 많이 먹으면 배가 아프니까 같이 먹은 것 같아요.
아이15: 아이스크림 많이 먹으면 배가 나와요.
아이12: 혼자 먹으면 맛이 없어요.
아이14: 재미없어요.

혼자가 아니라 함께 나눌 때 재밌고 맛있고 아프지 않다는 사실을 아이들도 알고 있습니다.

부록

채쌤의 놀이 하브루타 Q&A
채쌤의 놀이 하브루타 수업 계획안

부록1

채쌤의 놀이 하브루타 Q&A

Q1. 선생님! 하브루타가 뭐예요?

일반적으로 짝과 이야기를 나누는 것, 어떤 주제를 가지고 질문, 대화, 토론, 논쟁을 하는 유대인 전통의 일상 및 문화를 '하브루타'라고 해요.

Q2. 하브루타 수업 모형은 뭐예요?

유대인의 하브루타를 교실과 가정에서 실천할 때 활용할 수 있는 수업 모형이에요. 하브루타를 이 땅에 소개하신 전성수 교수님께서 체계적인 수업을 위해 하브루타 수업 모형을 만드셨어요. 하브루타 수업 모형은 교실과 가정에서 다양한 과정으로 적용·활용할 수 있어요.

일반적 하브루타 수업 과정, 질문 중심 하브루타 수업 과정, 논쟁 중심 하브루타 수업 과정, 비교 중심 하브루타 수업 과정, 친구 가르치기 수업 과정, 문제 만들기 수업 과정이 있어요.

전성수 교수님의 『최고의 공부법』에 자세히 설명되어 있어요.

Q3. 놀이 하브루타 수업 모형은 뭐예요?

처음 하브루타를 접하고 하브루타 수업 모형으로 유아교실에서 수업을 했어요. 물론 하브루타 수업 모형으로도 이야기 나누기가 가능해요. 특별히 유아기는 언어로 마음과 생각을 다 표현하지 못할 때가 많아요. 유아의 마음과 생각을 마음껏 표현할 수 있는 표현적 놀이 과정(표현 하브루타)이 필요했어요.

이에 유아 발달에 적합한 하브루타 수업 모형을 응용·확장하여 놀이 하브루타 수업 모형을 제1차 하브루타학술대회에서 발표했어요.

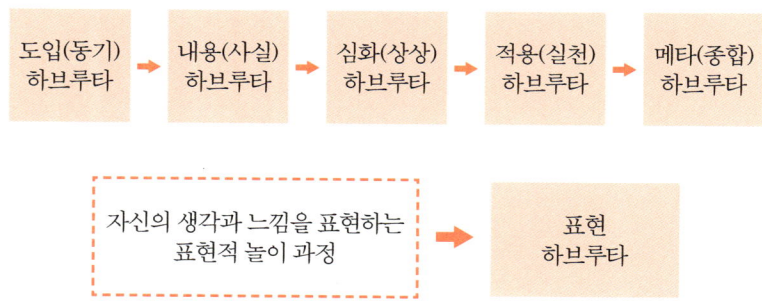

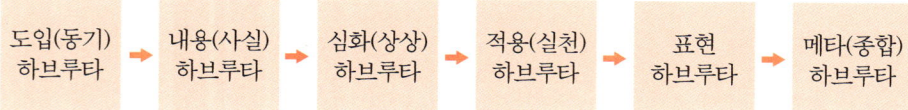

Q4. 놀이 하브루타 모형은 유아만 적용 가능한가요?

아니에요. 놀이는 유아만 하지 않아요. 놀이는 누구나 할 수 있어요. 만약 놀이가 없다면 삶은 재미없고 지루할 거예요. 누구나 언어로 표현하지 못한 내면을 음악, 미술 등의 표현 하브루타로 표현할 수 있어요.

표현 하브루타는 꼭 적용 하브루타 다음에 와야 하는 건 아니에요. 심화 하브루타 다음에 표현 하브루타가 와도 괜찮아요. 표현 하브루타는 어떤 순서에 들어가도 되는 과정이에요. 언어를 넘어 더 많은 생각과 마음을 표현하고 싶은 순서에 넣으면 돼요. (예시: 도입→내용→상상→표현→적용→메타)

놀이 하브루타 수업으로 학부모 연수, 초·중·고 선생님 및 일반직을 위한 그림책 하브루타 연수, 하브루타문화협회에서 문화 하브루타를 강의했어요. 『호모루덴스(놀이하는 인간)』의 저자 호이징가는 놀이는 문화의 한 요소가 아니라 문화 그 자체가 놀이의 성격을 갖고 있다고 했어요. 나만의 생각과 감정을 놀이, 그림, 음악으로 표현하는 과정은 흥미롭고 재미있어요.

Q5. 놀이 하브루타 수업 모형은 구체적으로 어떻게 활용하나요?

일반적으로 놀이 하브루타 수업 모형에 따라 수업안을 계획할 수 있어요. 놀이 하브루타 수업 모형은 활동의 중심에 따라 다양한 수업 과정으로 적용할 수 있어요. 질문 중심 놀이 하브루타, 표현 중심 놀이 하브루타, 서로 설명 중심 놀이 하브루타, 비교 중심 놀이 하브루타의 과정이 있어요. 다양한 수업 과정을 자세히 알고 싶다면 『하브루타 질문놀이터』에 체계적으로 나와 있어요.

처음 하브루타 수업을 한다면 표현 중심 놀이 하브루타, 서로 설명 중심 놀이 하브루타, 비교 중심 놀이 하브루타 과정을 해 보세요. 아이들이 교사나 부모가 계획한 체계적이고 다양한 질문을 경험할 수 있어요. 아이들이 질문에 자연스럽게 답하기 시작하면 질문 중심 놀이 하브루타로 수업을 하면 좋아요. 아이들이 질문을 만들기 시작하면 그 질문으로 표현 중심 놀이 하브루타 수업을 해 보세요. 아이들이 만든 질문으로 수업을 하면 수업의 집중도가 높아지고 능동적으로 참여하게 돼요.

다양한 수업 과정의 수업 예시안을 부록2에 제시했어요. 가정과 교실에서 다양하게 활용해 보세요. 가정에서도 아이와 하브루타하기 전에 수업 예시안처럼 질문을 계획해 보면 좋아요.

처음에는 질문을 계획해도 자연스럽게 생각나거나 외우기가 어려울 수 있어요. 수업을 할 때는 파워포인트에 질문을 체계적으로 넣어서 수업 자료를 만들어 보세요. "질문 나와라 뚝딱!" 구호를 하며 질문이 나오면 함께 읽어 보면서 수업을 해도 좋아요.

Q6. 유아 하브루타를 할 때 가장 중요한 점은 무엇인가요?

특별히 유아 하브루타는 유아 발달에 적합하게 해야 해요. 우리나라는 입시 교육으로 인해 유아기부터 조기교육을 실시하는 경우가 많아요. 한글 및 수 교육 등 초등학교에서 배워야 할 학습을 유아기에 미리 시키는 경우가 많아요. 조기교육으로 인해 유아는 놀 수 있는 시간과 공간이 없어요. 유아의 놀 권리를 빼앗는 거예요. 발달에 적합하지 않은 교육은 정서, 사회성 등 다양한 부분의 발달에 문제를 일으켜요. 하브루타가 조기교육의 하나로 접목될까 봐 가장 우려스러워요.

피아제, 비고스키 등 많은 교육학자에 의하면 유아기는 놀이를 통해 발달하는 시기예요. 유아 교육은 놀이 중심 교육이어야 해요. '어떻게 하브루타를 놀이 속에서 실천할 수 있을까?' 끊임없이 부모와 교사는 고민해야 해요. 하브루타로 유아의 정상적인 발달을 돕고 놀 권리를 지켜 주세요.

Q7. 더 자세히 하브루타를 알고 싶어요?

① 하브루타문화협회(https://cafe.naver.com/talmudkorea)

하브루타(질문과 토론)와 체다카(나눔과 공유)를 기반으로 대한민국에 하브루타 문화를 확산하는 협회예요. 다양한 하브루타 관련 도서, 교육, 협회 자격 과정에 관한 정보를 얻을 수 있어요.

② 유아하브루타연구소(https://cafe.naver.com/ihavruta)

유아 발달에 적합한 하브루타를 연구하고 있어요. 유아 하브루타와 관련한 도서, 교육, 유아 하브루타 교육사 자격 과정에 관한 정보를 얻을 수 있어요.

③ 하브루타질문놀이터(https://blog.naver.com/mhb612)

채명희 선생님의 놀이 하브루타 실천 노하우가 담겨 있는 네이버 블로그예요. 다양한 놀이 하브루타 수업 이야기, 수업 계획안, 하브루타 연수 등의 정보가 있어요.

부록2

채쌤의 놀이 하브루타 수업 계획안

표현 중심 놀이 하브루타 수업 계획안

활동명 : 나만의 샤베트 표현하기
활동목표
-이야기를 듣고 생각과 느낌을 표현할 수 있다.
-나눔의 소중함을 안다.
준비물 : 『달샤베트』(글·그림 백희나, 책읽는곰), 표현 하브루타 준비물

도입 (5분)	**도입 하브루타** •손유희 또는 노래로 주의 집중한다. •그림책 장면으로 동기를 유발한다. - 이것이 무엇이었나요? - 달물로 만든 달샤베트는 어떤 맛일까요? - 질문 속으로 들어가 볼까요?
전개 (30분)	**내용 하브루타** •이야기의 내용을 질문을 통해 알아본다. - 할머니는 달사베트를 어떻게 만드셨나요? **심화 하브루타** •이야기의 내용을 바탕으로 추론 및 상상 질문을 한다. - 왜 할머니는 달샤베트를 나눠 주었을까요? - 만약 샤베트를 만든다면 무엇으로 만들고 싶나요?

	### 적용 하브루타
●생활에 적용할 수 있는 질문을 한다.
- 나는 샤베트를 누구에게 주고 싶나요?

짝 하브루타
●짝이랑 이야기 나눈다.
- 하브루타 예시 문장을 준다.
"나는 샤베트를 ○○에게 주고 싶어. 왜냐하면~."
- 짝 하브루타하는 신호(종치기 등)를 준다.
(짝을 보세요. 네네, 선생님! 하브루타하세요. 네네, 선생님!)
- 짝이랑 서로 바라보고 눈을 맞춘 후 이야기 나눈다.

표현 하브루타
●샤베트 직접 만들기 또는 표현하기
- 샤베트 용기를 이용해서 직접 만들어 보기
- 다양한 색깔과 그림, 스티커로 샤베트 그리기
- 다양한 점토 또는 클레이로 샤베트 만들어 보기 |
| 마무리
(5분) | ### 종합 하브루타
●이야기를 정리하며 확장한다.
- 내가 만든 샤베트는 맛이 어땠나요?
- 샤베트를 나눠 주면, 어떤 마음이 들까요? |

	질문중심 놀이 하브루타 수업 계획안
	활동명 : 최고의 질문으로 이야기 나누기 **활동목표** -그림책의 내용을 이해한다. -자신의 생각과 느낌을 자신 있게 언어로 표현할 수 있다. -궁금한 것을 자유롭게 질문할 수 있다. **준비물** : 『달샤베트』(글·그림 백희나, 책읽는 곰), 질문지, 하브루타 예시 문장
도입 (5분)	**도입 하브루타** • 손유희 또는 노래로 주의 집중한다. • 그림책 표지와 사전 경험을 연결하여 동기를 유발한다. - 이곳은 어디일까요?, 아파트를 본 적이 있나요? - 사람들은 무엇을 하고 있나요? • 이야기를 듣는다. - 그림책 속으로 들어가 볼까요?
전개 (20분)	**내용 하브루타** • 이야기의 내용을 질문을 통해 알아본다. - 무더운 여름 사람들은 무엇을 했나요? - 커다란 달이 어떻게 되고 있었나요? - 반장할머니는 달물로 무엇을 만들고 계셨나요? - 전기를 많이 써서 갑자기 어떻게 되었나요? - 할머니는 달샤베트를 어떻게 했나요? - 할머니 집에 누가 찾아왔나요? - 남은 달물을 어떻게 했나요? - 달은 어떻게 되었나요? **질문 하브루타** - 이야기나 그림을 보고 궁금한 것을 질문으로 만들어 볼까요? - 교사는 질문을 받아 적어 준다. - 짝 하브루타하기에 가장 좋은 최고의 질문 한 개를 거수로 뽑는다. - 최고의 질문에 대해 전체 하브루타로 이야기를 나눈다. 최고의 질문: 왜 할머니는 달샤베트를 나눠줬을까?

마무리
(5분)
	짝 하브루타
	• 최고의 질문으로 짝이랑 이야기 나눈다.
	- 하브루타 예시 문장을 준다.
	  "할머니께서 달사베트를 나눠 주셨어. 왜냐하면~"
	- 짝 하브루타하는 신호(종치기 등)를 준다.
	  (짝을 보세요. 네네, 선생님! 하브루타하세요. 네네, 선생님.)
	- 짝이랑 서로 바라보고 눈을 맞춘 후 이야기 나눈다.

	종합 하브루타 • 짝 하브루타 발표하기 - 어떤 짝이 나와서 발표해 볼까요? - 서로의 이야기를 발표한다. • 다음 차시 활동 안내 - 내일은 친구들이 만든 질문으로 생각을 나누어 보겠어요.

	서로 설명 중심 놀이 하브루타 수업 계획안
	활동명 : 『달샤베트』 이야기 나누기 **활동목표** -이야기를 듣고 기억해서 설명할 수 있다. -이야기를 듣고 생각과 느낌을 표현할 수 있다. **준비물** : 『달샤베트』(글·그림 백희나, 책읽는곰), 다양한 종이, 색칠 및 그리기 도구
도입 (5분)	**도입 하브루타** • 손유희 또는 노래로 주의 집중한다. • 달 모양 종이와 사전 경험으로 동기를 유발한다. - 얘들아! 이게 무엇일까? - 달을 본 적이 있니?
전개 (30분)	**내용 하브루타** • 이야기의 내용을 질문을 통해 알아본다. - 무더운 여름 사람들은 무엇을 했나요? - 커다란 달이 어떻게 되고 있었나요? - 반장할머니는 달물로 무엇을 만들고 계셨나요? - 전기를 많이 써서 갑자기 어떻게 되었나요? - 할머니는 달샤베트를 어떻게 했나요? - 할머니 집에 누가 찾아왔나요? - 남은 달물을 어떻게 했나요? - 달은 어떻게 되었나요? **서로 설명하기 하브루타** • 가장 재미있는 장면으로 이야기를 나눈다. - 이야기의 줄거리를 장면으로 보여 준다. - 어느 장면이 가장 재미있었나요? - 왜 그 장면이 재미있었나요?

마무리 (5분)	**짝 하브루타** • 가장 재미있었던 장면을 짝이랑 이야기 나눈다. - 하브루타 예시 문장을 준다. "나는 ○○장면이 재미있었어. 왜냐하면~." - 짝 하브루타하는 신호(종치기 등)를 준다. (짝을 보세요. 네네, 선생님! 하브루타하세요. 네네, 선생님!) - 짝이랑 서로 바라보고 눈을 맞춘 후 이야기 나눈다. **표현 하브루타** • 가장 재미있었던 장면을 그림으로 표현하기 - 장면 따라 그리기 또는 재구성하며 표현하기 **종합 하브루타** • 이야기를 정리하며 확장한다. - 자신 또는 짝의 생각에 대해 발표한다. - 친구의 발표에 대해 궁금한 것을 질문한다.

비교 중심 놀이 하브루타 수업 계획안

활동명 : '내가 살고 싶은 집' 표현하기
활동목표
- 두 명화의 같은 점과 다른 점을 생각하고 이야기 나눌 수 있다.
- '내가 살고 싶은 집'을 상상하여 그릴 수 있다.
- '내가 살고 싶은 집'을 친구에게 설명할 수 있다.

준비물 : 고흐의 「노란 집」과 「코르드빌의 초가집」, 우리 동네의 다양한 집 사진, 활동지, 색연필, 사인펜, 크레파스

도입 (5분)	**도입 하브루타** • 손유희를 하며 주의 집중한다. • 우리 동네의 다양한 집 사진과 사전 경험으로 동기를 유발한다. - 사진 속의 집을 본 적이 있나요? - 우리 동네에는 여러 모양의 집이 있지요? - 오늘은 한 화가가 그린 두 집을 감상하고 자신이 살고 싶은 집을 그림으로 그려 보는 시간을 갖겠어요.
전개 (30분)	**내용 하브루타** • 고흐의 「노란 집」을 감상한다. - 어떤 그림이 보이나요? - 집의 색깔은 어떤가요? - 모양은 어떤가요? 무엇으로 만들었을까요? • 고흐의 「코르드빌의 초가집」을 감상한다. - 어떤 그림이 보이나요? - 집의 색깔은 어떤가요? - 모양은 어떤가요? 무엇으로 만들었을까요? **비교 하브루타** • 두 그림의 같은 점과 다른 점을 생각해 본다. - 두 그림은 어떤 점이 같은가요? 어떤 점이 다른가요?

	심화 하브루타 • 내가 살고 싶은 집에 대해 이야기 나눈다. - 다양한 집을 사진으로 보여 준다. - 나는 어떤 색깔과 모양의 집에서 살고 싶은가요? **짝 하브루타** • 짝이랑 이야기 나눈다. - 하브루타 예시 문장을 준다. "나는 ○○집에서 살고 싶어. 왜냐하면~." - 짝 하브루타하는 신호(종치기 등)를 준다. (짝을 보세요. 네네, 선생님! 하브루타하세요. 네네, 선생님!) - 짝이랑 서로 바라보고 눈을 맞춘 후 이야기 나눈다. **표현 하브루타** • 내가 살고 싶은 집을 그림으로 표현해 본다.
마무리 (5분)	**종합 하브루타** • 하브루타 과정을 돌아본다. - 내가 살고 싶은 집을 그려 보니 어땠나요? - 친구들이 그린 집들을 모아 우리 마을을 만들면 어떨까요?

에필로그
하브루타로 성장하는 아이들

하브루타를 하면서도 아이들과 부대끼는 게 힘들 때가 있었습니다. 변화가 보이지 않으면 포기하고 싶을 때가 있었습니다. 그럴 때마다 혼잣말을 하며 위로했습니다.

'1년만 잘 버티자.', '졸업이 얼마 안 남았다.'

아낌없이 주는 나무 같은 선생님이 되고 싶었지만 부끄럽게도 1년생 선생님이었습니다. 그럼에도 이런 선생님을 아이들이 자꾸 찾아왔습니다. 작년 아이들, 재작년 아이들…. 5월 15일 스승의 날에 졸업생들이 찾아왔습니다. 다 지고 씨만 남은 민들레 꽃 3송이와 아이들이 주고 간 편지들, 그중에서 특히 애를 태우게 만들었던 한 아이의 편지가 눈물짓게 했습니다.

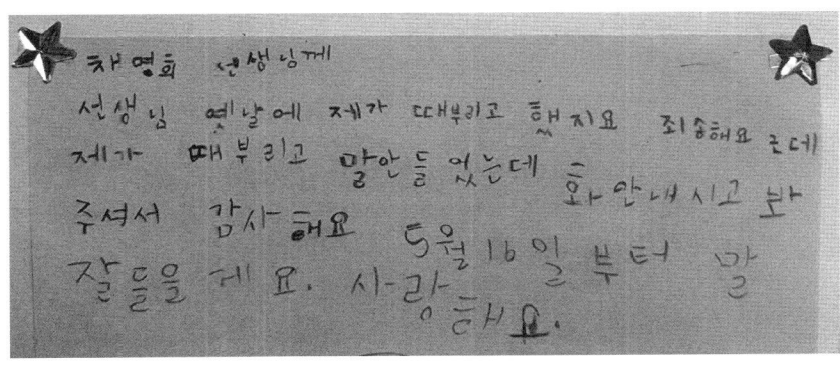

아이들은 모르는 것 같았지만 다 알고 있었습니다. 하브루타가 어느새 아이들을 부쩍 성장시켰습니다.

이제 그만 1년생 선생님을 졸업하려 합니다. 세월이 흘러 한 아이의 마음속에서 잊히더라도 한 아이, 한 아이를 기억하겠습니다. 언제나 그 자리에서 꼭 안아 주며 마음속 이야기를 들려주겠습니다.

넌 참 특별한 아이란다.
넌 참 소중한 아이란다.
얘들아! 힘들고 지칠 때마다 다시 사랑할 힘을 줘서 고마워.
실수하고 넘어질 때마다 다시 일어나는 것, 그것이 하브루타임을 알려 줘서 고마워.
언제나 사랑하고 축복해!

참고문헌

권문정, 채명희(2017). 하브루타 질문놀이터. 경향BP.
김경일(2017). 지혜의 심리학. 진성북스.
김붕녀(2012). 아이의 뇌. 국민출판.
김옥림(2017). 소통의 품격. 미래북.
김형희(2016). 한국인의 거짓말. 추수밭.
다니엘 핑크 저, 김명철 역(2011). 새로운 미래가 온다. 한국경제신문.
로버트 루트번스타인 저, 권오현 역(2017). 과학자의 생각법. 을유문화사.
마크 고울스톤 저, 황혜숙 역(2010). 뱀의 뇌에게 말을 걸지 마라. 타임비즈.
신진상(2012). 10대를 위한 애플 창업주 스티브 잡스 이야기. 인더북스.
이용주(2012). 예비교사를 위한 특수아동교육의 이해. 파란마음.
이승욱(2016). 천 일의 눈맞춤. 휴.
전성수(2014). 최고의 공부법. 경향BP.
존 브래드쇼 저, 오제은 역(2004). 상처받은 내면아이 치유. 학지사.
크리스토퍼 피터슨 저, 문용린, 김인자, 백수현 역(2010). 크리스토퍼 피터슨의 긍정심리학 프라이머. 물푸레.
한미화(2013). 잡스 사용법. 거름.
홍익희, 조은혜(2016). 13세에 완성되는 유대인 자녀교육. 한스미디어.